JN116676

美しい模様をいかす色と
ステッチの組み合わせ

幾何学模様と
モチーフ刺繍

土橋のり子

手を動かすことが好きです。手芸、料理、DIY、自らの手を動かし何かを作る作業は、本当に楽しい時間です。人は手を動かす際、多くの情報を脳で整理しながら、考え工夫して自分の想像するかたち、理想とするかたちに近づけようとすることでしょう。

この本では基本のステッチと基本のかたちを自由に組み合わせて想像力のまま刺す刺繍と、花やアルファベットのようにすでにあるかたちにうまく取り入れる刺繍を考えました。

自身が想い描くかたちは、想像力と共にグングン刺し進められるものです。しかし、完成された美しいものを刺繍で表現するとなると難しい。自然の力によって作り出されたもの、人の手で長く作り続けられてきた完成されたものとなれば尚更です。それでも、美しいものを糸と針で表現するのはとても楽しく、実物とは違った魅力を発してくれたと思います。

刺繍を刺すことは楽しい。円の刺繍で表現する波紋のように、刺繍の輪がどんどん広がり、多くの方が刺繍を楽しんでくれたらと思います。この一冊がものを作ることが好きな皆さんの元に届きますように。

そして、私に手仕事の楽しさを教えてくれた母にも、この一冊を捧げたいと思います。

土橋のり子

この本について

　かたちとステッチと色の組み合わせを楽しむ本です。

　5ページからは、基本のかたちと基本のステッチの組み合わせでできる幾何学模様を紹介しています。12ページからのステッチは基本ではありますが、アウトラインステッチやバックステッチなどのように自由にかたちを描くタイプとは違うステッチです。それらのステッチを使って模様を作ります。

　27ページからは具象的なかたち、例えばアルファベットの部分にどのステッチをどう使うか、アウトラインステッチではなくブランケットステッチで効果的に刺すことを考えています。

　49ページからは刺すだけでなく、小物に仕立てています。刺してから仕立てるのはひと手間かかりますが、使う楽しみがあります。

　刺し方は20〜26ページと作り方ページもご覧ください。

　刺繍糸はたくさんの色があります。ぜひ色も自分の好きな組み合わせで楽しんでください。

　新たなかたちと色の組み合わせが見つかりますように。

Contents もくじ

丸・四角・線の組み合わせ

基本のかたちと基本のステッチでどこまで表現できるか。
幾何学の組み合わせのおもしろさを、基礎編と応用編で探ります。

5

応用1

丸の応用。丸をどんどん重ねて刺していくだけのシンプルさですが、色とステッチの組み合わせで複雑に見えてきます。

How to make ▶ page 67

応用2

四角の応用。丸と同じ考え方ですが、布のアップリケを加えました。角にデザインを入れてポイントにすることができます。

How to make ▶ page 68

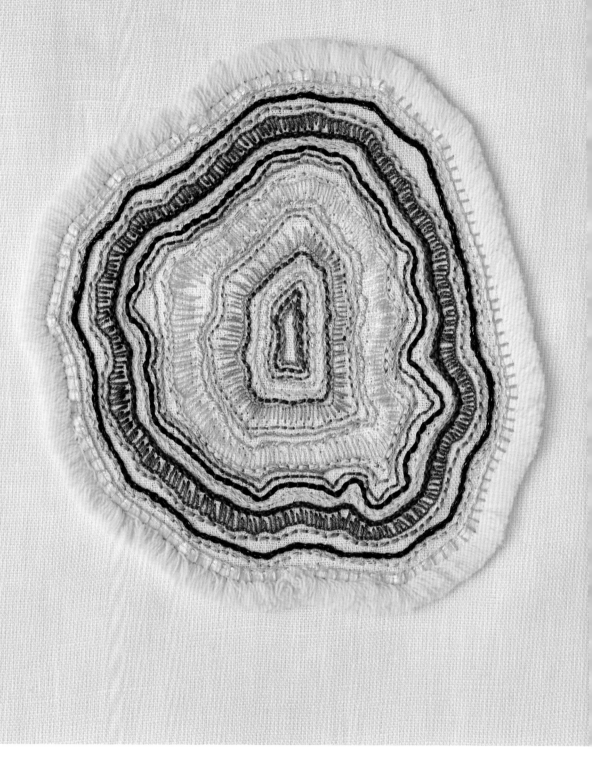

応用 3

線の応用で鉱石の断面図を刺しました。ステッチ自体はとてもシンプル。層をどのようにおもしろく表現するかがポイントになり、鉱物をリアルに表現しても、好きな色で自由に刺してもすてきです。

How to make ▶ page 69

応用4

糸とメタリック布という異素材を組み合わせた応用。布に合わせてゴールドやシルバーの糸も使っています。糸にはない
光り方が魅力です。

How to make ▶ page 70

応用5

スパイダースウェブステッチの応用。2種類のステッチで紫陽花を描きました。立体になるステッチは小さくてもひとつひとつに存在感があります。

How to make ▶ page 71

応用6

バルジェロ風の線の応用。色と模様のグラデーションというバルジェロの特徴を、かたちのくり返しで表現しました。ステッチの並びと色の組み合わせで無限に楽しめます。

How to make ▶ page 72

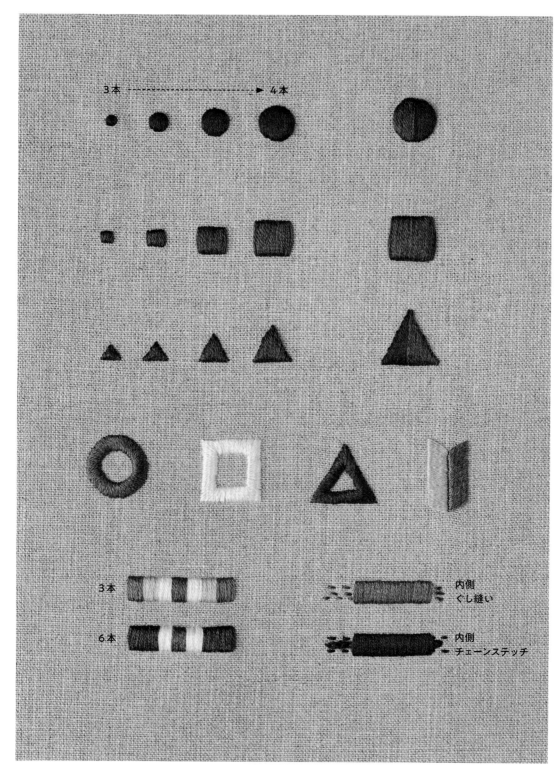

基本のステッチ1
サテンステッチ

サテンステッチをきれいに刺すコツは、しっかりと糸の撚りをはずすことです。直線で刺すときは、生地の地の目をよんで1目に1針刺します。糸の引き具合を揃えて刺すことで整ったツヤツヤのサテンステッチになります。

使用糸番号：498、29、839、469、ECRU、22、834、3862

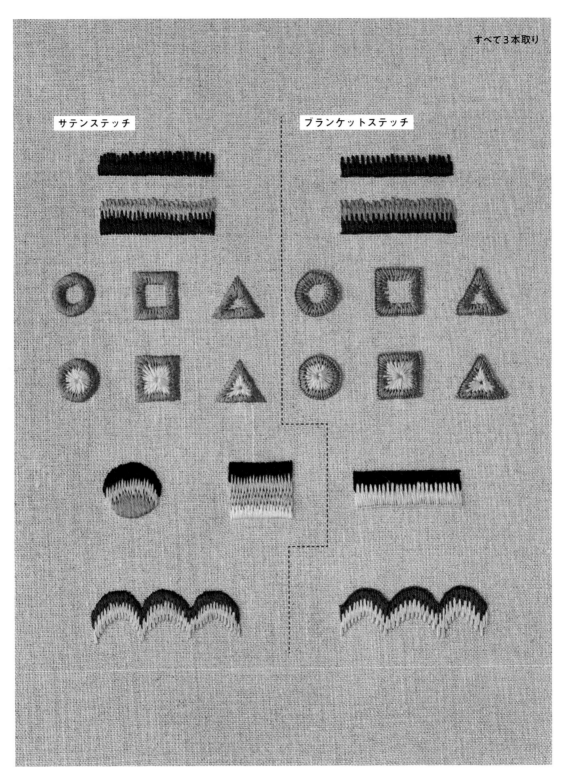

サテンステッチ　　　ブランケットステッチ

基本のステッチ2

ロング＆
ショートステッチ

1段目をサテンステッチにするか、ブランケットステッチにするかで見え方が違います。1段目は長い短いを交互に刺し、2段目からは同じ長さで刺して1段目の長短をいかします。

使用糸番号：938、931、892、645、472、503、310、841、891、562、ECRU、3727、500、169、734

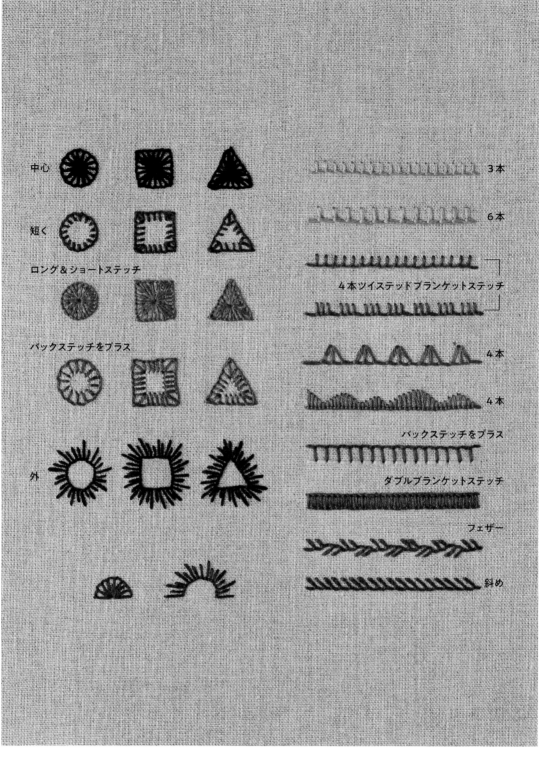

中心

短く

ロング＆ショートステッチ

バックステッチをプラス

外

3本

6本

4本ツイステッドブランケットステッチ

4本

4本

バックステッチをプラス

ダブルブランケットステッチ

フェザー

斜め

基本のステッチ3
ブランケットステッチ

美しく仕上げるには糸の引き具合が大事です。距離を正しく取るために糸を上に引き、次に進行方向に45度で引きます。2段階で引くことで虫が均等になり、周囲のばらつきがなくなります。サークルの場合は、必ず針を円の中心に合わせることで放射状に美しく刺せます。

使用糸番号：310、820、561、930、612、535、500、3810、413、3847、791、3819

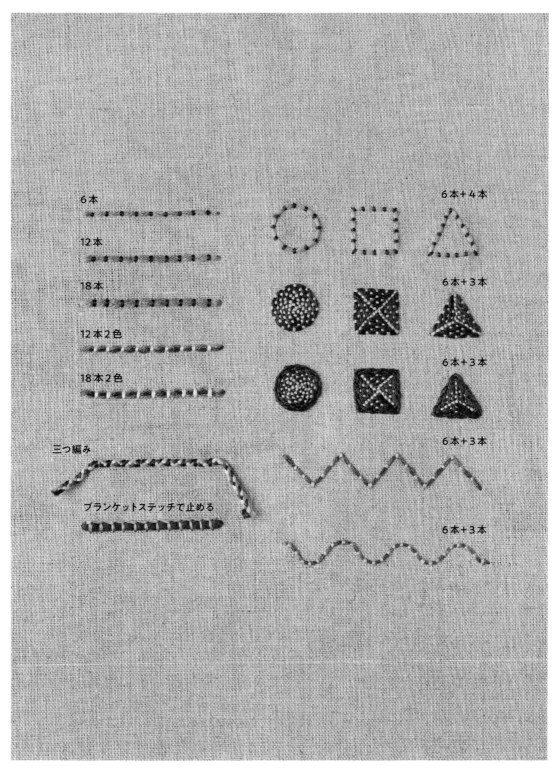

6本

12本

18本

12本2色

18本2色

三つ編み

ブランケットステッチで止める

6本+4本

6本+3本

6本+3本

6本+3本

6本+3本

基本のステッチ4

コーチングステッチ

ベースになる糸を進行方向からしっかりと引いて、等間隔で止めていくときれいに見えます。角のある図案を刺すときは、内から外へ刺してしっかり糸を引くと鋭角な角が作れます。ベースの糸は刺繍糸だけではなく、さまざまな素材や太さの糸を使って楽しんでください。

使用糸番号：562、3799、161、08、445、600、453、926、839、402、29、844、778、3750、3819、3862、503

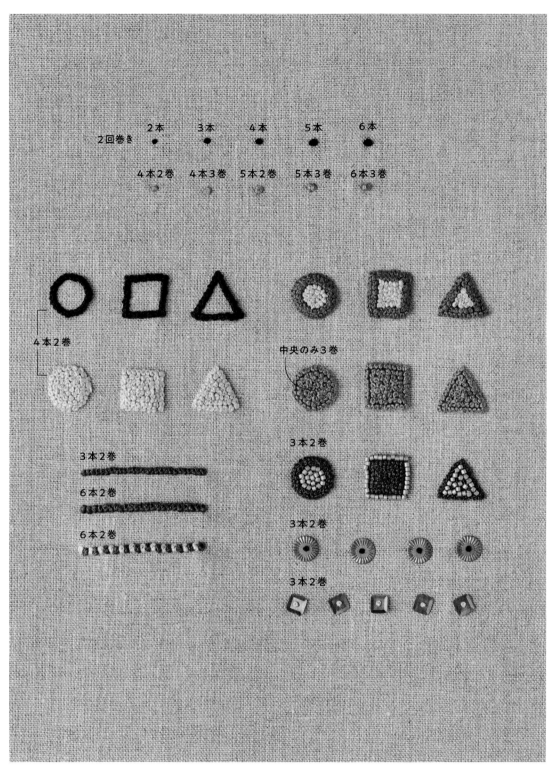

2回巻き　2本　3本　4本　5本　6本

4本2巻　4本3巻　5本2巻　5本3巻　6本3巻

4本2巻

中央のみ3巻

3本2巻

3本2巻

6本2巻

3本2巻

6本2巻

3本2巻

3本2巻

基本のステッチ5

フレンチナッツ
ステッチ

ひとつぶで刺す、密集して刺し埋める、つなげてラインにするなど応用範囲も広く、かわいさのあるステッチです。きれいに刺すポイントは、針に糸を巻いた際にしっかりと引いてたるまないようにすること。右上45度に巻いた糸を落とすことで足場が定まります。作りたい大きさのナッツ分の足場をとってください。

使用糸番号：310、28、154、453、831、520、779
ビーズ：デリカビーズ DB1176

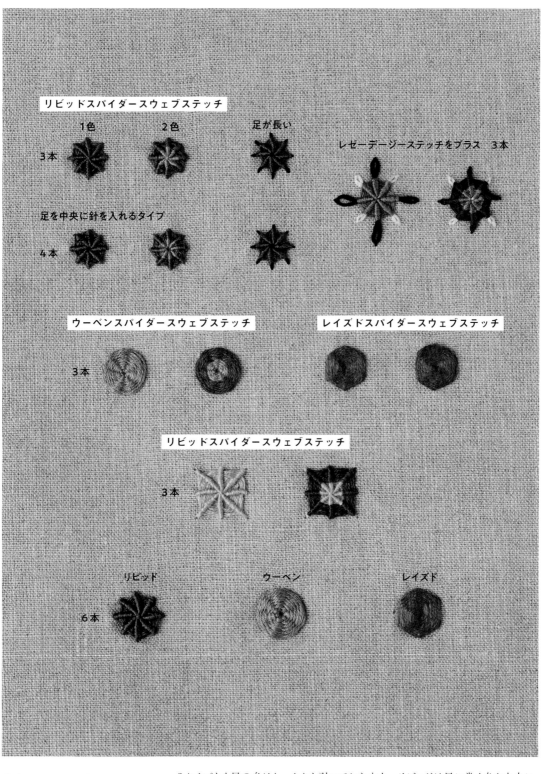

リビッドスパイダースウェブステッチ

1色　　　　2色　　　　　　足が長い

3本

レゼーデージーステッチをプラス　3本

足を中央に針を入れるタイプ

4本

ウーベンスパイダースウェブステッチ　　　　レイズドスパイダースウェブステッチ

3本

リビッドスパイダースウェブステッチ

3本

リビッド　　　　　　ウーベン　　　　　　レイズド

6本

基本のステッチ6

スパイダースウェブ
ステッチ

3タイプとも足の糸はしっかりと引いておきます。リビッドは足に巻く糸を中央に
ひき、巻いた糸が重ならないようにします。ウーベンは中央は少し強く糸を引き、
外側に行くにつれて加減していきます。レイズドは少しゆるめに糸を引くとふっく
らと仕上がります。

使用糸番号：924、840、3371、29、310、831、822、3347、3799、350、834

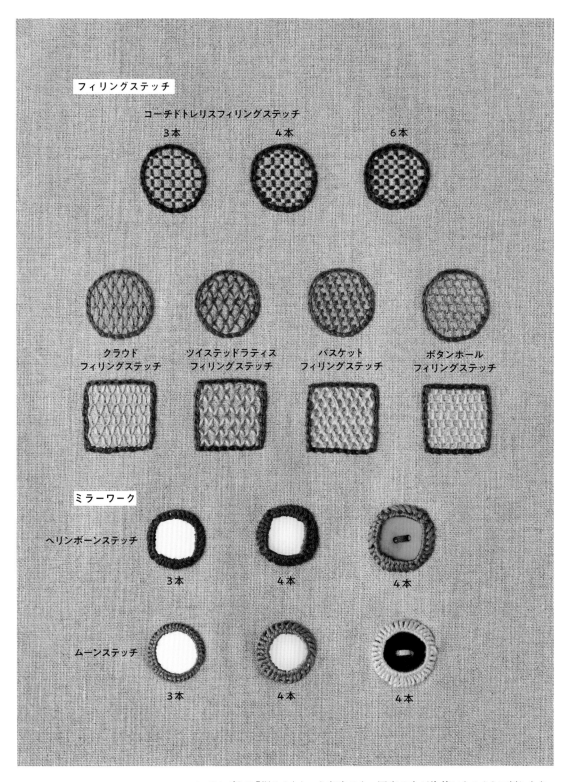

フィリングステッチ

コーチドトレリスフィリングステッチ
3本　　　　　　4本　　　　　　6本

クラウド　　　　ツイステッドラティス　　　バスケット　　　　ボタンホール
フィリングステッチ　フィリングステッチ　　フィリングステッチ　フィリングステッチ

ミラーワーク

ヘリンボーンステッチ
3本　　　　　　4本　　　　　　4本

ムーンステッチ
3本　　　　　　4本　　　　　　4本

基本のステッチ7

フィリングステッチ
ミラーワーク

フィリングとは「埋める」という意味です。図案の中が均等になるように刺します。
格子に通すだけの糸は、引き加減を均一にするようにします。
ミラーワークは小さな鏡をステッチで縫い止める技法です。鏡だけでなくボタン
などを縫い止めてもかわいくできます。
使用糸番号：3799、3819、501、316、924、04、3803、367、842

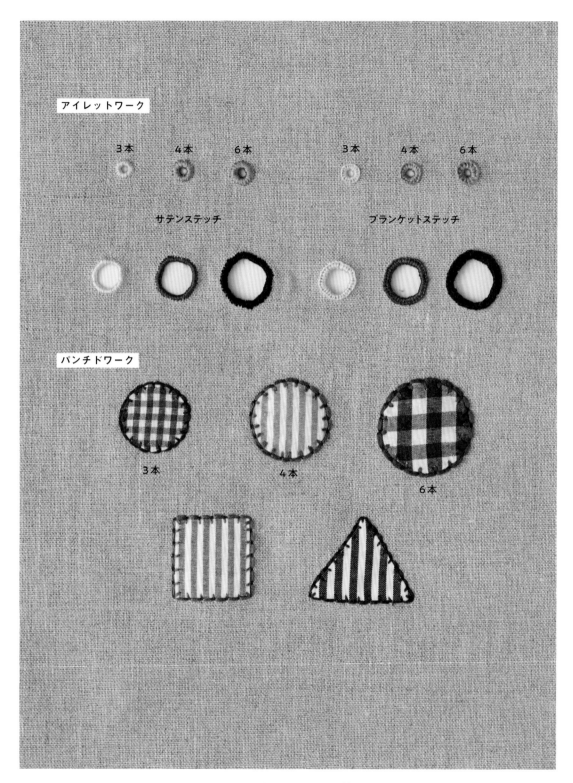

アイレットワーク

3本　4本　6本　　3本　4本　6本

サテンステッチ　　　　　ブランケットステッチ

パンチドワーク

3本　　　　　4本　　　　　6本

基本のステッチ8

アイレットワーク
パンチドワーク

アイレットとは小さな穴をあける技法のこと。目打ちなどで穴を広げる方法と、布をカットして大きめの穴をあける方法があります。サテンステッチを刺すように糸の撚りをはずし、しっかり糸を引きます。パンチドワークは、パンチで穴をあけたように見える刺し方で、布をアップリケする縁に使います。

使用糸番号：12、841、04、3841、924、3371、777、3501、791、831、838

刺繍の刺し方

基本の刺繍の中から特徴的なステッチと、作品に使われているステッチを解説します。65ページの図解もご覧ください。

サークルブランケットステッチ（サークルボタンホールステッチ）

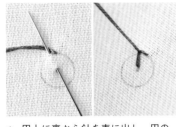

1 円上に裏から針を表に出し、円の中心から円上にひと針すくいます。針に糸をかけて斜め45度に軽く糸を引きます。

2 同様に中心から円上にひと針すくい、針に糸をかけて糸を引きます。これをくり返します。

3 1周したら最初の糸をすくい、中心に針を入れて糸を引きます。これで完成です。

ケーブルステッチ

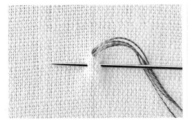

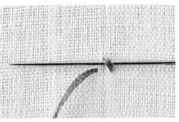

1 薄く案内線をひき、上から下に針を進めます。裏から針を表に出し、正三角形になるように下にひと針すくいます。

2 渡っている糸に針を通して引きます。布はすくわないように注意してください。

3 交差部分が案内線の上になるように糸を引きます。

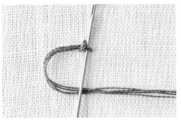

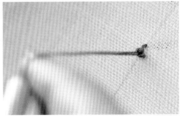

4 再度渡っている糸に針を上から下に通します。

5 糸を進行方向に45度の角度で上に引きます。

6 これでひとつできました。これをくり返して刺します。

ビーズの刺し方

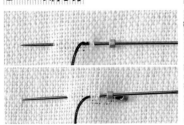

ひと針返し縫いをしてから針にビーズを通します。糸の出ている部分からビーズ1個分戻って針を入れ、次に刺したい位置に針を出します。糸を引いて針にビーズを通し、1個分戻って刺すことをくり返します。

ビーズでスパンコールのつけ方

1 ひと針返し縫いをして針にスパンコール、ビーズの順に通します。スパンコールの穴に針を入れて糸を引きます。

2 ビーズの穴が見えないようにビーズを縦にしてビーズでスパンコールを止めます。これで完成です。

ビーズを並べる刺し方

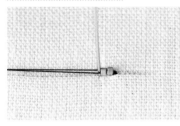

1 ひと針返し縫いをしてから針にビーズを2個通します。ビーズのきわに針を入れます。このとき2本取りの糸の間に針を入れます。

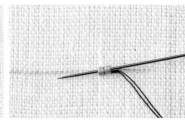

2 ビーズ2個分戻ってビーズのきわに針を出し、もう一度ビーズに針を通します。

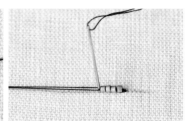

3 続けて次のビーズを2個通します。ビーズのきわ、2本取りの糸の間に針を入れます。

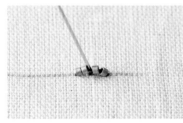

4 ビーズ2個分戻って、2個目と3個目のビーズの間に針を出します。

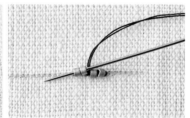

5 再度3個目と4個目のビーズに針を通します。これをくり返します。ビーズを2個ずつ、2回糸が通っているのでしっかりと止められます。

パンチドワーク

1 布をまち針で止めます。裏から針を入れて布の端から0.2cmあたりに針を出し、針を出した位置から垂直になる位置に布に沿って針を入れてひと針すくいます。

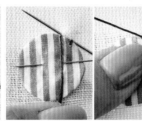

2 同じ位置を再度すくい、糸を引きます。針は同じ穴に入れます。

3 もう一度戻って同じ穴に針を入れ、針を出した位置から垂直になる布の上に針を出します。最初に布に針を出した位置と揃えます。

4 針を出した穴に針を入れ、ひと針すくいます。

5 これをくり返して1周します。最後は最初の穴に針を出します。

6 同じ位置に2回針を入れ、最後は裏に針を出せば完成です。同じ穴に針を入れて2回糸を渡しているので、針穴が大きく見えるのが特徴です。

リビッドスパイダースウェブステッチ

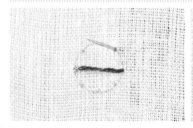  

1 作りたい大きさの円を描き、8等分の印をつけます。印の数が足の数になり、円の大きさとバランスを考えて好きな本数でかまいません。対角線に糸を渡します。

2 対角線に糸を渡すタイプと、中心に針を入れて中心をあけるタイプがあります。

3 中心から糸の間に針を出し、左右の糸をすくいます。針先が丸いクロスステッチ針に変えておくと、足の糸がすくいやすくなります。

4 中心に糸を寄せて引きます。これで右側の足に糸が巻けました。糸の左右の足をすくうことをくり返します。

5 中心は糸を引きますが、外側になるにつれて糸を前の糸に並べるようにします。

6 最後は右の足だけに通して左の足のきわに針を入れ、裏に針を出します。これで完成です。

ウーベンスパイダースウェブステッチ

1 円に7等分の印をつけ、外から中心に針を入れて足を刺します。中心から糸の間に針を出し、2本目と4本目の足に針を通して糸を引きます。

2 次の2本目と4本目の足に針を通して糸を引きます。かごを編むように交互に針を通します。

3 最後まで針を通したら裏に針を出して完成です。足の数は奇数本にすることを忘れずに。

レイズドスパイダースウェブステッチ

1 6等分に印をつけ対角線に糸を渡します。中心から針を出し、右に3本目の足に針を通してすくいます。

2 次に右隣の足をすくいます。渡っている糸の内側に針を出し、アウトラインステッチの要領で右に進みます。

3 最後は次の足の根元に針を入れて裏に出します。これで完成です。

アイレットワーク

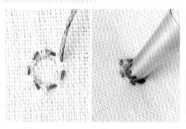 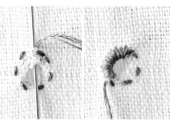 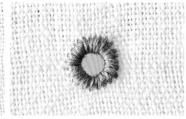

1 直径0.5cmの円を描き、周囲にランニングステッチをします。最後は返し縫いをして裏に針を出します。太い目打ちを刺して穴をあけます。

2 ステッチの少し外側から針を出し、穴に針を入れて針を出した横をひと針すくいます。すき間があかないようにぐるぐるとつめて刺します。

3 穴の周囲を丸く刺せば完成です。

ペーパーヤーンの止め方

  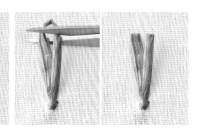

1 ペーパーヤーンをループ状に刺します。

2 根元の少し上の左横に針を出し、反対側の根元の少し上の右横に針を入れてペーパーヤーンを引き、根元を押さえます。

3 ループをカットすれば完成です。

スタンプワーク

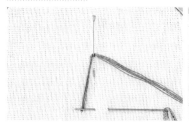 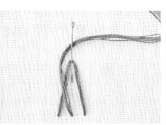 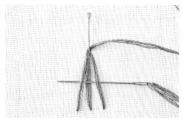

1 作りたい形の上中心にまち針を刺します。左下から針を出し、上中心のまち針に糸をかけて右下に針を入れて下中心に針を出します。刺繍糸は6本取りです。

2 下中心から上中心のまち針に糸をかけます。これで糸が3本かかりました。

3 1段目の糸を通します。右の下、中心の上、左の下を通して糸を引きます。通した糸を上中心まで引き上げます。

4 次は左から右に2段目の糸を通します。1段目とは逆に左の上、中心の下、右の上に糸を通して上に引き上げます。

5 織物の要領で左右から交互につめて通します。これをくり返して下まで通します。

6 最後にまち針を取ると、立体のスタンプワークの完成です。

コーチドトレリスフィリングステッチ

1 縦に刺してから横に刺し、等間隔の格子状に糸を渡します。

2 別の糸で交点の右上のきわに裏から針を表に出し、交点を押さえるように左斜め下に針を入れて糸を引きます。

3 隣の交点の右上に針を出し、左下に針を入れることをくり返して左に刺し進みます。端まで刺したら左上に針を出し、右斜め下に針を入れてクロスにします。

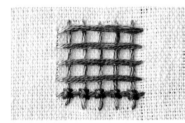

4 これをくり返しながら右に刺し進みます。1段刺せました。

5 上に移動して2段目以降も同様に刺します。すべて交点が刺せたら完成です。

ツイステッドラティスフィリングステッチ

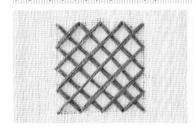

1 等間隔の斜め格子に糸を渡します。

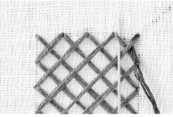

2 別の糸で交点に裏から針を表に出し、糸の下を通して交点に糸をかけて反対側の糸の下を通します。

3 同様に交点に糸をかけて次の糸の下を通します。

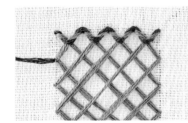

4 上下の交点に糸を渡しながら通していきます。端まで通せたら交点に針を入れて次の段の交点に針を出します。

5 同様に左から右に糸を通していきます。端まで通せたら次の段に針を出し、右から左に通します。交点で糸が向かい合わせになります。

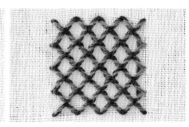

6 糸の間をくぐらせて模様を作る刺し方です。すべて刺せたら完成です。

バスケットフィリングステッチ

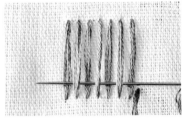 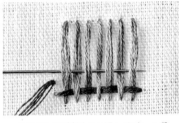 

1 縦に糸を等間隔に渡します。端から針を出し、織物を織る要領で縦糸に上下交互に1段目の糸を通します。

2 2段目は反対側から通します。1段目とは上下逆に通します。

3 等間隔に最後まで通したら完成です。

クラウドフィリングステッチ

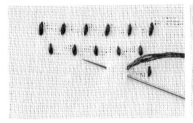 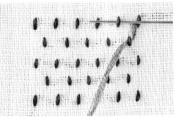 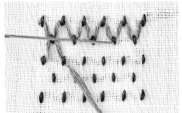

1 縦に小さなステッチを等間隔に刺します。2段目は1段目の間に刺します。

2 1段目の端から針を出し、2段目と1段目のステッチに交互に糸を通します。

3 端まで通したら針を入れて裏に出し、3段目から針を出します。同様に2段目と3段目のステッチに交互に通します。

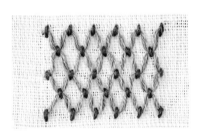

4 ひとつのステッチに2本糸が通りました。これで完成です。

リボンのレゼーデージーステッチ

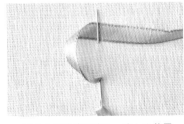  

1 裏から針を表に出し、出した位置に再度針を入れて刺したい長さだけひと針すくいます。針先にリボンをかけます。

2 針を引いて輪を縮めます。

3 リボンの輪の先に針を入れてリボンを押さえます。これで完成です。

ミラーワーク　ムーンステッチ

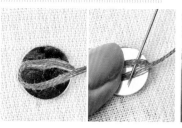 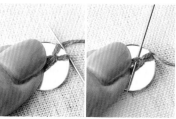 

1 裏から針を入れてミラーのきわに針を出します。ミラーの上に糸で輪を作り、輪の糸をすくいます。

2 1で針を出した穴に針を入れてひと針ミラーに沿ってすくい、針先に糸をかけて糸を抜きます。同様に輪の糸をすくいます。

3 2で針を出した穴に針を入れ、ひと針すくって針先に糸をかけて糸を抜きます。これをミラーに沿ってくり返します。

 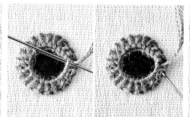 

4 1周刺せたら最後は最初の穴から出ている2本をすくいます。

5 そのまま最初の輪に内から外に針を通してすくい、最後の穴に針を入れて裏に針を出します。

6 これで完成です。

ミラーワーク　ヘリンボーンステッチ

1 ミラーに縦横2本の糸を渡します。まず縦に2本渡し、横は上下交互になるように糸を渡します。

2 左下の角から針を出し、交差部分を内から外にひと針すくいます。

3 ミラーに沿って2の穴の横をひと針すくいます。

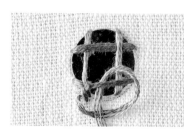 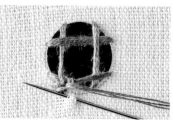 

4 時計反対回りに、渡した糸を内から外にひと針すくいます。すくった糸が左側になるように糸の流れを間違わないようにします。

5 またミラーに沿ってひと針すくいます。このように渡した糸をすくってミラーに沿って布をひと針すくうことをくり返します。

6 1周刺せたら最後は裏に針を出して完成です。

モチーフに取り入れる　アルファベットや花などの具象的なデザインを、基本的なかたちとステッチで構成します。どのステッチをどう入れるかがミソです。

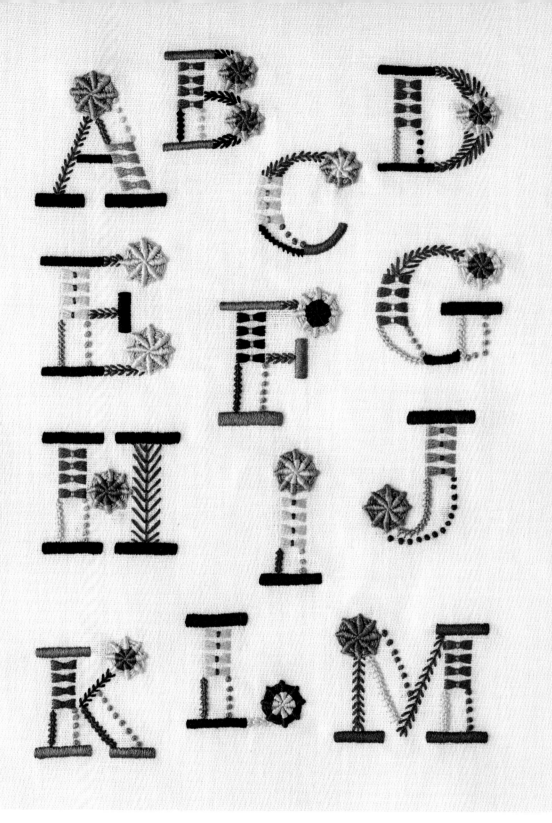

アルファベット 1

丸とリボンでガーリーなデザイン。サテンステッチ、リビッドスパイダースウェブステッチ、リボンなど、それぞれの文字を構成する要素は同じなので、他のアルファベットの色に差し替えることができます。

How to make ▶ page 73~75

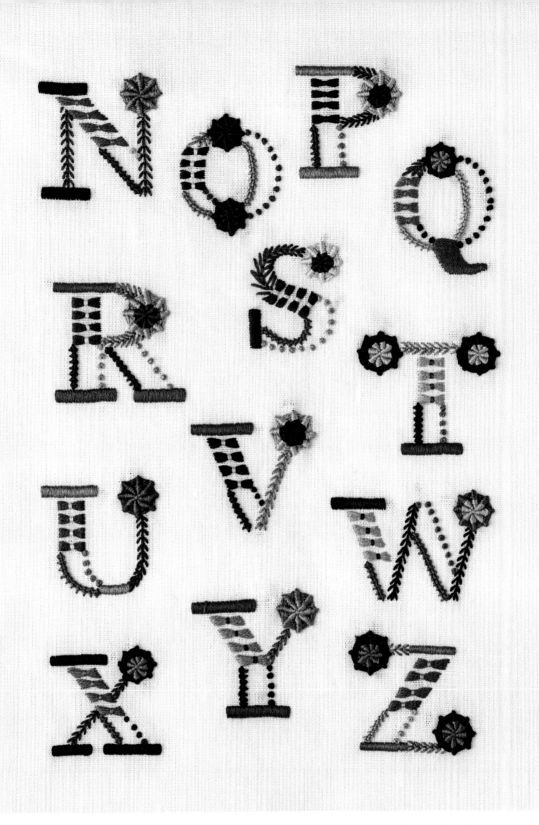

シックな色合わせです。グッと抑えた色合いがかっこいい一枚。

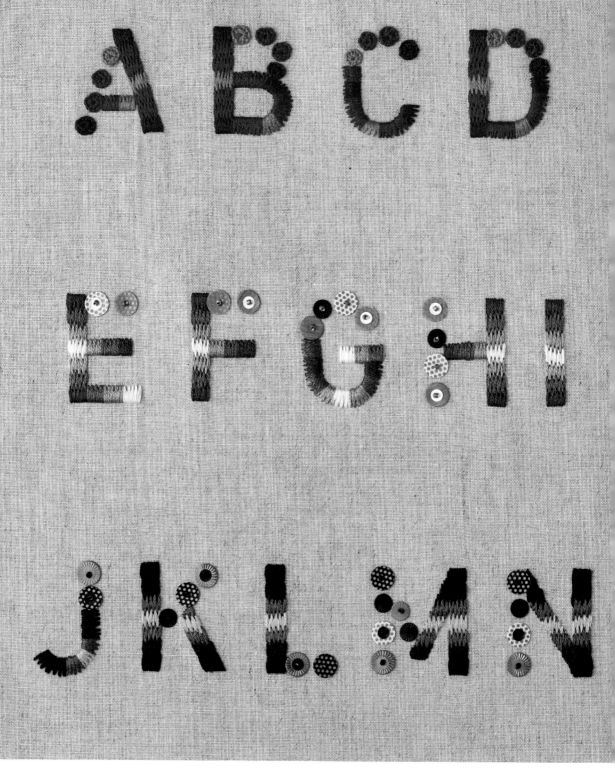

アルファベット 2

細いアルファベットをロング＆ショートステッチのバルジェロ風グラデーションでシンプルに刺しました。丸い部分はサークルブランケットステッチかスパンコールを好みで入れてください。

How to make ▶ page 76,77

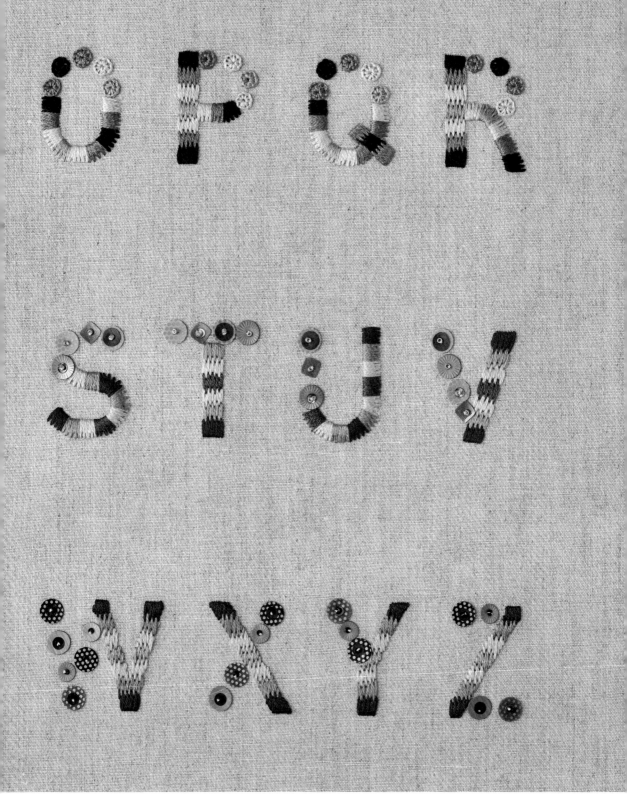

刺繍糸は色数が多いのでグラデーションを作りやすいのが利点。
グラデーションは色合わせもしやすいので、好きな色で楽しんでください。

アルファベット3

刺さないアルファベット。周囲を刺して、アルファベット自体は刺さずにかたちを浮かび上がらせます。バックステッチ、フレンチナッツステッチ、アウトラインステッチ、サークルブランケットステッチ、サテンステッチ、ストレートステッチの丸で構成しています。

How to make ▶ page 78~82

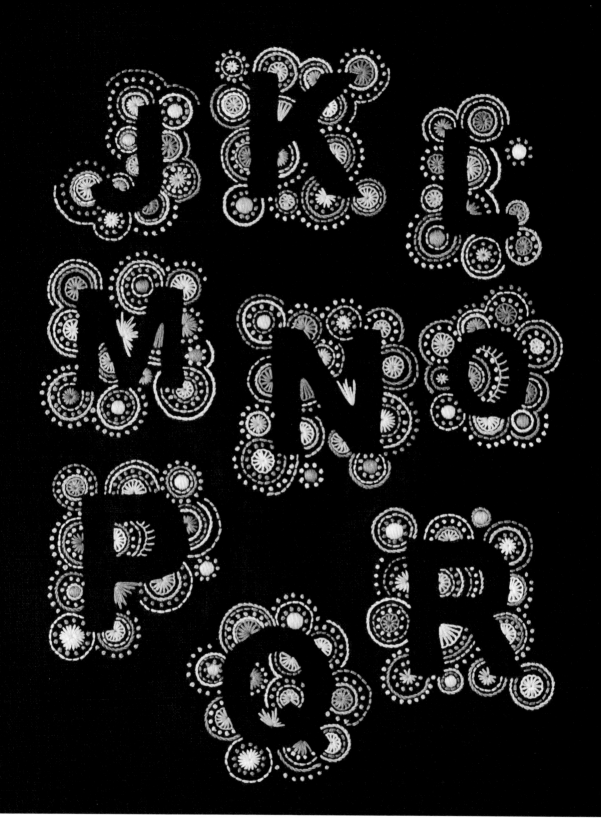

1文字に使う色はトーンを揃えて色数を絞った方がきれいに見えます。

紫×黄系の組み合わせ。自分のイニシャルを1文字だけ刺しても存在感があります。

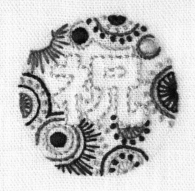

幸せな言葉

漢字「祝」、中国の双喜文「喜」、
フランス語「Merci（ありがとう）」、
アラビア語「شكرا　シュクラン（あ
りがとう）」、英語「LOVE（愛）」。
言葉をひとつのデザインや絵のよ
うに刺すことができます。

How to make ▶ page 83

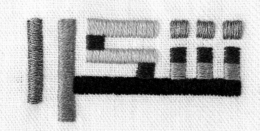

お皿の模様

ロシアのお皿や陶器の模様を図案
化しました。ヨーロッパでは鶏や
馬が幸運のモチーフとしてよく描
かれています。

How to make ▶ page 84~87

素朴な模様は刺繍にしてもかわいく見えます
フレンチナッツステッチやスパイダースウェブステッチを入れて少し立体にすると、ものとしての存在感が出ます。

植物

架空の花をいろいろなステッチで。左はフィリングステッチと布を合わせた面を埋めるタイプ。右上はロング＆ショートステッチでドラマチックに。右下はリボン刺繍で立体感を出しました。

How to make ▶ page 88,89

38ページの架空の花に対してこちらはリアルな植物の実を表現しました。
上は蓮の実、ホオズキは中の実の透け感をオーガンジー、葉脈をラメ糸で。
下はルナリア（大判草）のドライフラワーです。
どれもリアルになりすぎないように、色数とトーンを抑えて刺します。

アフリカのかご

かごなどの民族的なアイテムを刺繍
に取り入れると、ひと味違うかっこ
よさが生まれます。かごのようにイ
ンテリアに合う刺繍です。

How to make ▶ page 90,91

37ページのお皿の模様と同じ丸いデザインですが、素朴さと模様のエスニックさがあります。
ペーパーヤーンを使って質感も近づけました。

地方札トランプ

ヨーロッパの古い地方札トランプの図案を刺繍にしました。刺繍図案にもよい、左右対称で印象的なデザインが多くあります。

How to make ▶ page 92,93

王冠や「VINCERAI＝あなたが勝つ」など、興味深くトランプらしい図案。

マスク

ホピ族のカチーナを図案にしまし
た。もともと人形なので、ユニー
クでかわいい顔をしています。装
飾部分にステッチがいきてきます。

How to make ▶ page 94,95

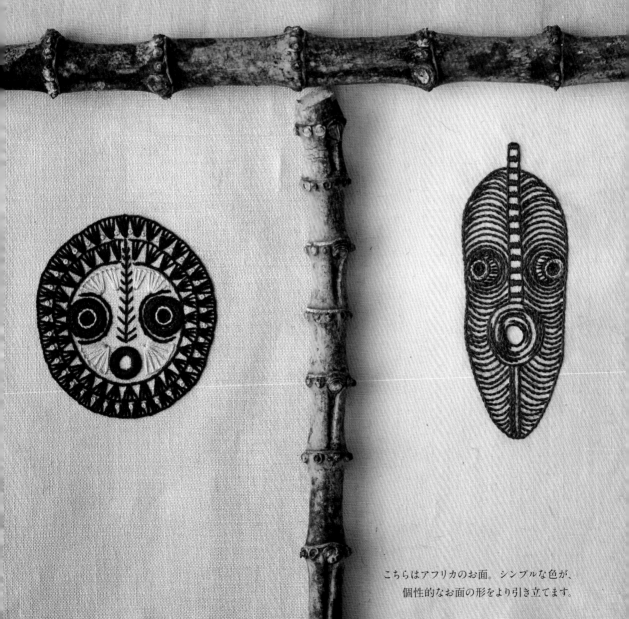

こちらはアフリカのお面。シンプルな色が、
個性的なお面の形をより引き立てます。

くり返し文様

ボーダー状に刺したり、メインの図案と組み合わせたり、便利に使える図案です。

How to make ▶ page 96,97

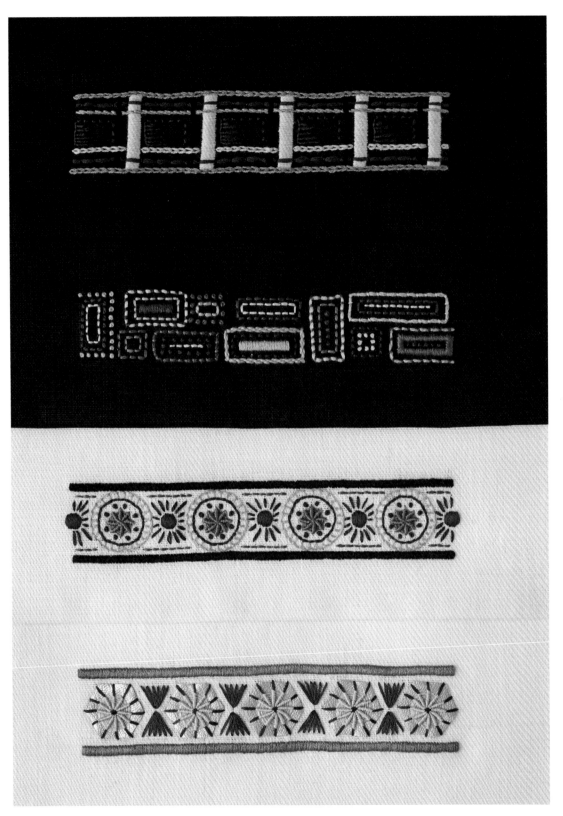

左ページよりも少し手の込んだ図案です。リボンなどに刺してもかわいく使えます。

A. 33ページのアルファベット。　　B. 29ページのアルファベット。　　C. 39ページのホオズキ。　　D、E. 38ページの花。　　F. 36ページの鶏。

小物に仕立てる

ステッチをいかした小物を作ります。

刺してから仕立てまでとなると時間もかかるので、

ステッチはシンプルだけど効果的に、仕立ては簡単にがポイントです。

カードケース

ふただけに刺繍を入れたカードケースです。周囲にブレードをつけてしっかりと仕立てます。スパイダースウェブステッチとメタリック布を組み合わせているので、少しの刺繍でも存在感があります。

How to make ▶ page 98

ぺたんこバッグ

ラインをいかしたデザイン。もけもけのブ
レードを利用して、間にコーチングステッ
チやケーブルステッチなどを入れました。
素材選びも大事です。

How to make ▶ page 100

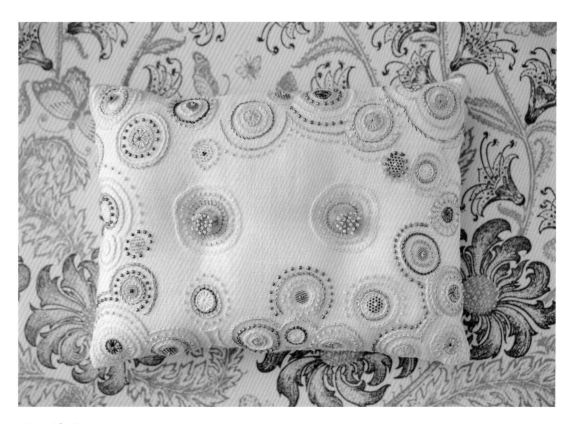

リングピロー

大事な日には手の込んだとっておきの刺繍のリングピローで。白をベースにシルバーやビーズで輝きをプラスします。

How to make ▶ page 102

指輪を置く部分は純白の竹ビーズで高さを出して、指輪を置いたときも安定するようにしています。

巾着

まんまるの布を引き絞るところんと
した形になるかわいい巾着です。
引き絞った状態だと側面の波の
ような花びら模様だけになります
が、何のかたちかわからないこと
がかっこいい場合もあります。

How to make ▶ page 104

ぺたんと広げると大輪の花のデザインがよくわかります。ループにも刺繍を入れています。

ブローチとバレッタ

立体の花モチーフの後ろにブローチ
ピンとバレッタ金具をそれぞれつけま
した。スタンプワークの花びらの上
にペーパーヤーンを重ねて刺します。
素材も立体感も個性的な花です。

How to make ▶ page 106,107

ブローチと飾りひも

ミラーワークの周囲にウッドビーズともけもけのブレードや
コードをつけた、トライバル感のあるブローチです。後ろに
テープをつけてブックバンドにしたり、ゴムをつけてヘアゴム
にしてもかわいい。

How to make ▶ page 108

日傘

刺繍をしてオリジナル日傘を作ってみませんか。市販の布の日傘に刺しても、布に刺して日傘に仕立てても、
どちらも特別な1本になります。日傘をさすのが楽しくなること間違いなしです。

How to make ▶ page 110

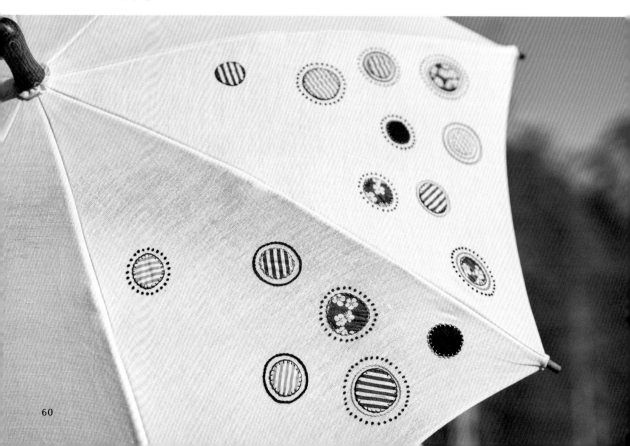

a. DMC5番刺繍糸。1本でボリュームが出ます。 **b.** DMC25番刺繍糸。基本の刺繍糸。6本取りになっているので、ばらして好きな本数にまとめて刺します。 **c.** DMCエトワール25番刺繍糸。ふんわりとした質感にラメの輝きがある糸。 **d.** DMCディアマント。細く繊細なメタリック糸。グランデという2倍の太さの糸もあります。 **e.** 縫い糸。ビーズなどをつけるときに。 **f.** MOKUBAエンブロイダリーリボン。花びらなどの立体的な刺繍に。 **g.** デリカビーズ、スパンコール、ウッドビーズ。このほかに竹ビーズも使います。 **h.** ミラーワーク用ミラー。大は直径2cm、小は直径1.5cm。 **i.** ボタン。ミラーワークと小物作りに使います。 **j.** パンチドワーク用布。好きな布でOKです。 **k.** テープ類。ガーゼリボン、ペーパーヤーン、ブレードリボンなど。 **l.** 縫い糸と縫い針。 **m.** 25番刺繍糸とクロスステッチ針19番。クロスステッチ針は刺繍糸に通したりすくって刺すときに。 **n.** 25番刺繍糸3本取りと刺繍針6号。 **o.** ディアマントと刺繍針6号。 **p.** 5番刺繍糸と刺繍針3番。

道具

a. 刺繡枠。基本は12号を使用。ひと回り小さいのは10号。　**b.** ピンクッションとまち針、刺繡針。　**c.** 目打ち。アイレットワークや糸を引いたり仕立てのときに。　**d.** 製図用シャープペンシル。図案を描くときに使います。　**e.** 印つけ用シャープペンシル。　**f.** トレーサー。図案をなぞって布に写すときに。色の出なくなったボールペンなどでもかまいません。　**g.** 糸切りばさみと裁ちばさみ。糸切りばさみは先の尖ったものを。　**h.** 方眼紙。図案を描くときに使います。　**i.** 円定規と方眼尺。円のサイズが多く、目盛が細かく、下が透けるものがおすすめです。　**j.** 手芸用複写紙(チャコペーパーなど)とセロハン。布に図案を写すときに重ねて使います。

※そのほかコンパスなど、自分の使いやすいものを用意してください。

図案の写し方

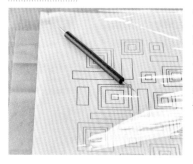

布、手芸用複写紙、図案、セロハン（OPP）の順に重ね、図案はまち針で止めておきます。トレーサーで図案をなぞると布に線が写ります。手芸用複写紙は色がつく方を布側にしてください。

ビーズをつけるとき

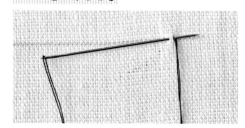

縫い針に縫い糸を通して2本取りにします。裏から針を表に出し、小さく返し縫いをします。ビーズを通す前と最後には必ずこのように返し縫いをしておきます。

刺し終わりの糸始末① 結ぶ

1 裏に渡っている糸2本に針を通し、返し縫いのように1本戻ってさらに通します。

2 糸を引き切らずに輪にし、輪の中に針を通します。

3 糸を引いて結び目を作り、隣の裏に渡っている糸数本に通してカットします。

刺し終わりの糸始末② 糸を返す

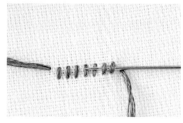

1 裏に渡っている糸2本に針を通します。

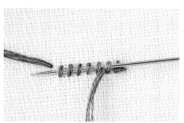

2 返し縫いの要領で1本戻ってさらに通し、そのまま次の糸数本に通してカットします。

※このほかにも、裏に直線に糸が渡っている場合は、2、3目交互に糸を通す場合もあります。

リボン刺繍のリボンの通し方と玉止めの作り方

1 針穴にリボンを通し、片側の端から2cmほどの位置の中心に針を入れてリボンを引きます。針穴でリボンが止まります。リボンの端は斜めにカットしておきます。

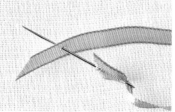

1 玉結びを作ります。もう片方のリボンの端から1〜1.5cmの位置の中心に針を入れて引きます。

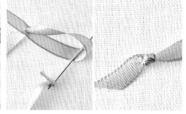

2 引き切らずに輪にし、輪の中に針を通します。ゆっくりとリボンを引いて輪を引き絞ります。玉結びの完成です。

刺繍の刺し方

アウトラインステッチ

1.
2.

バックステッチ

1.
2.

コーチングステッチ

チェーンステッチ

1.
2.

ランニングステッチ

1.
2.

ストレートステッチ

1.
2.

サテンステッチ

1.
2.

ロング&ショートステッチ

スペースに合わせて
ステッチの長さを変える

フレンチナッツステッチ

1.
2.
3.

1～3回巻く

フライステッチ

1.
2.
3.

レゼーデージーステッチ

1.
2.

ダブルクロスステッチ

1.
2.

ブランケットステッチ

1.
2.

ダブルブランケットステッチ

1.
2.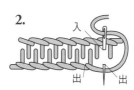

- 図中の数字の単位は cm です。
- 構成図や図案の寸法には、特に表示のない限り縫い代を含みません。1cm を目安に縫い代をつけてください。裁ち切りと表示のある場合は、縫い代をつけずに布を裁ちます。
- 布などの用尺は少し余裕を持たせています。刺繍布の場合は、刺繍枠がはめられるサイズを用意してください。
- 図中のアルファベット「st」はステッチの略です。
- 作品の出来上がりは、図の寸法と多少差が出ることがあります。
- 刺繍糸は DMC、リボンやテープは MOKUBA、ビーズはデリカビーズを使用しています。これ以外を使用している場合はメーカー名を記載しています。スパンコールや竹ビーズなどは好みのものを使ってください。刺繍布は LIBECO のモロッコ、日本製亀島オリジナルリネン、cosmo のクラッシーを使用しています。
- 刺繍糸の色番号を記載していますが、好みの色を自由に合わせて楽しんでください。
- 拡大率の記載のないものは実物大です。拡大率のあるものは、記載の倍率に拡大コピーしてご使用ください。
- 刺繍布は最初に周囲をかがってから刺繍枠にはめ、刺し始めます。
- 20、64、65 ページの刺し方も参考にしてください。

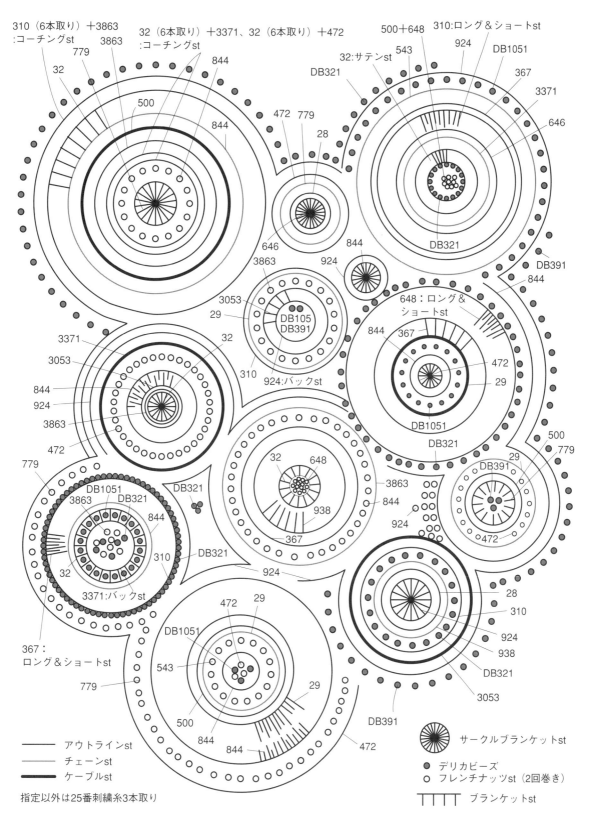

310（6本取り）＋3863
：コーチングst
779
3863
32
500
844

32（6本取り）＋3371、32（6本取り）＋472
：コーチングst
844
472　779
28

500＋648
543
DB321
32：サテンst

310：ロング＆ショートst
924
DB1051
367
3371
646

646
3863
3053
29
DB105
DB391
310
924：バックst

844
924
648：ロング＆
ショートst
367
472
29
DB321
DB1051

DB391
844

3371
3053
844
924
3863
472

32

DB321

DB321

500
779
29
DB391
472

779
DB1051
3863
DB321
844
32
310
3371：バックst

DB321
924

3863
844
924

32　648
938
367

28
310
924
938
DB321
3053

367：
ロング＆ショートst
779

DB1051
472　29
543
500
844
844
472
29
DB391
472

サークルブランケットst

アウトラインst
チェーンst
ケーブルst

デリカビーズ
フレンチナッツst（2回巻き）

指定以外は25番刺繍糸3本取り

ブランケットst

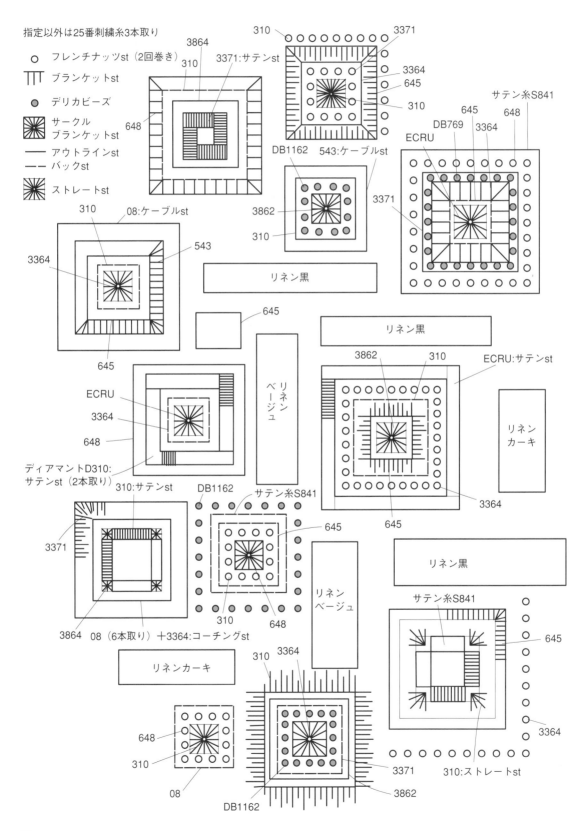

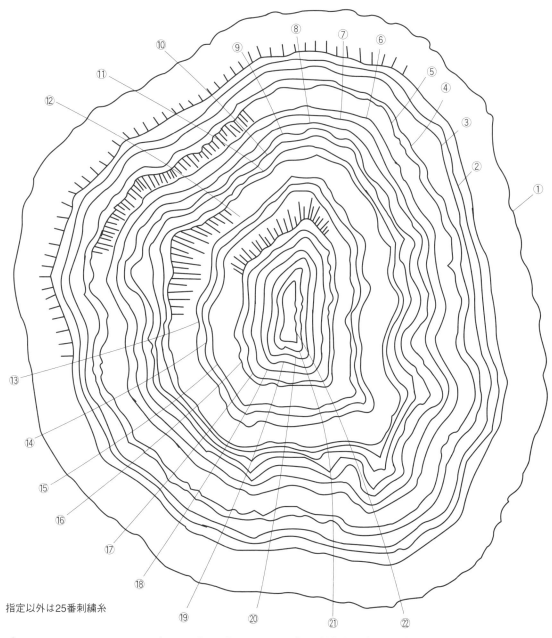

指定以外は25番刺繍糸

①MOKUBANo.4677-10mmワープレスリボン12＋165:
ブランケットst（3本取り）
②エトワールC415:バックst（6本取り）
③エトワールC823:アウトラインst（6本取り）
④5番刺繍糸926:バックst（1本取り）
⑤413:ブランケットst（3本取り）
⑥5番刺繍糸336:アウトラインst（1本取り）
⑦エトワールC415:アウトラインst（6本取り）
⑧サテン糸S336:バックst（6本取り）
⑨413:バックst（3本取り）
⑩169:アウトラインst（2本取り）
⑪エトワールC415:バックst（6本取り）
⑫644:ブランケットst（2本取り）

⑬5番刺繍糸03（1本取り）＋ディアマントグランデ
G168（1本取り）:コーチングst
⑭3042:アウトラインst（2本取り）
⑮3053:バックst（3本取り）
⑯841:ブランケットst（2本取り）
⑰5番刺繍糸645:バックst（1本取り）
⑱165:アウトラインst（3本取り）
⑲644（6本取り）＋ディアマントグランデG168（1本
取り）:コーチングst
⑳832:バックst（3本取り）
㉑632（6本取り）＋169（2本取り）:コーチングst
㉒832:アウトラインst（3本取り）

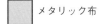 メタリック布

指定以外は25番刺繍糸3本取り

87%縮小図案、115%拡大してご使用ください

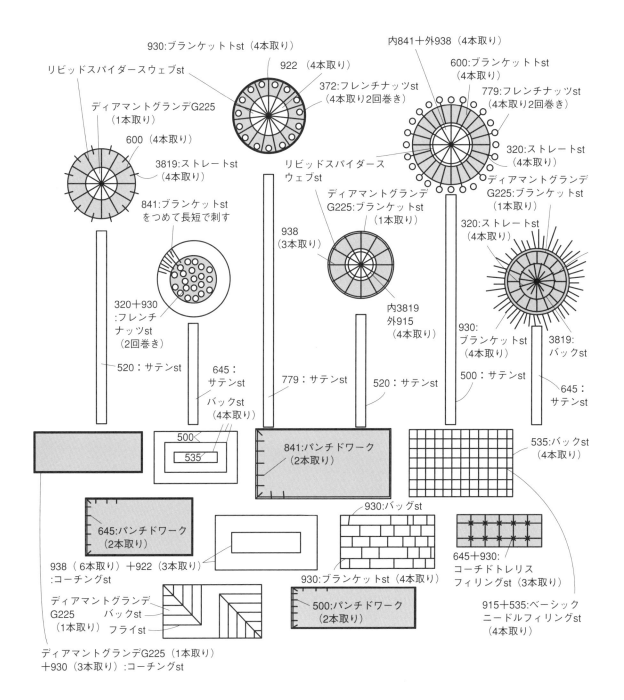

930:ブランケットトst（4本取り）

922（4本取り）

リビッドスパイダースウェブst

372:フレンチナッツst（4本取り2回巻き）

ディアマントグランデG225（1本取り）

600（4本取り）

3819:ストレートst（4本取り）

841:ブランケットstをつめて長短に刺す

リビッドスパイダースウェブst

内841＋外938（4本取り）

600:ブランケットトst（4本取り）

779:フレンチナッツst（4本取り2回巻き）

320:ストレートst（4本取り）

ディアマントグランデG225:ブランケットst（1本取り）

ディアマントグランデG225:ブランケットst（1本取り）

938（3本取り）

320:ストレートst（4本取り）

320＋930:フレンチナッツst（2回巻き）

内3819 外915（4本取り）

930:ブランケットst（4本取り）

3819:バックst

520：サテンst

645：サテンst

バックst（4本取り）

779：サテンst

520：サテンst

500：サテンst

645：サテンst

500

535

841:パンチドワーク（2本取り）

535:バックst（4本取り）

645:パンチドワーク（2本取り）

930:バッグst

645＋930:コーチドトレリスフィリングst（3本取り）

938（6本取り）＋922（3本取り）:コーチングst

930:ブランケットst（4本取り）

915＋535:ベーシックニードルフィリングst（4本取り）

ディアマントグランデG225 バックst（1本取り） フライst

500:パンチドワーク（2本取り）

ディアマントグランデG225（1本取り）＋930（3本取り）:コーチングst

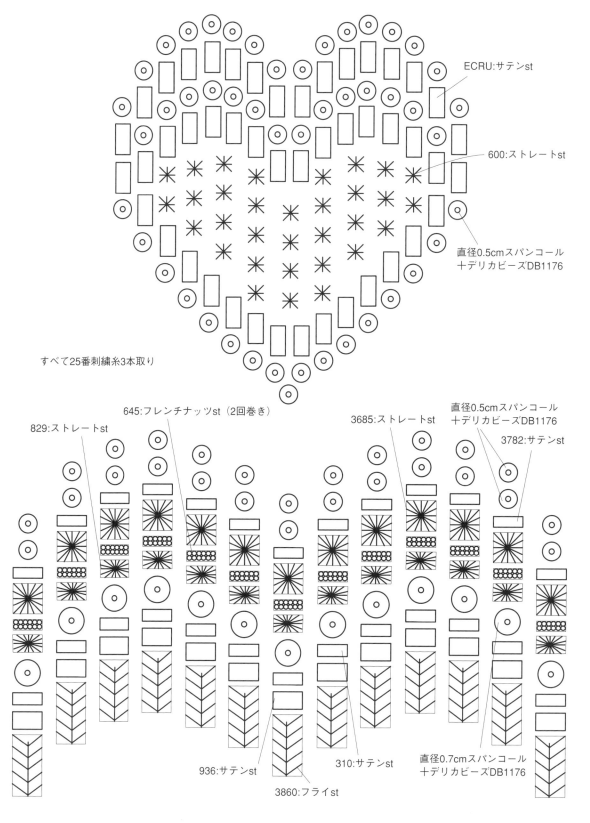

ECRU:サテンst

600:ストレートst

直径0.5cmスパンコール
＋デリカビーズDB1176

すべて25番刺繍糸3本取り

645:フレンチナッツst（2回巻き）

829:ストレートst

3685:ストレートst

直径0.5cmスパンコール
＋デリカビーズDB1176

3782:サテンst

936:サテンst

310:サテンst

3860:フライst

直径0.7cmスパンコール
＋デリカビーズDB1176

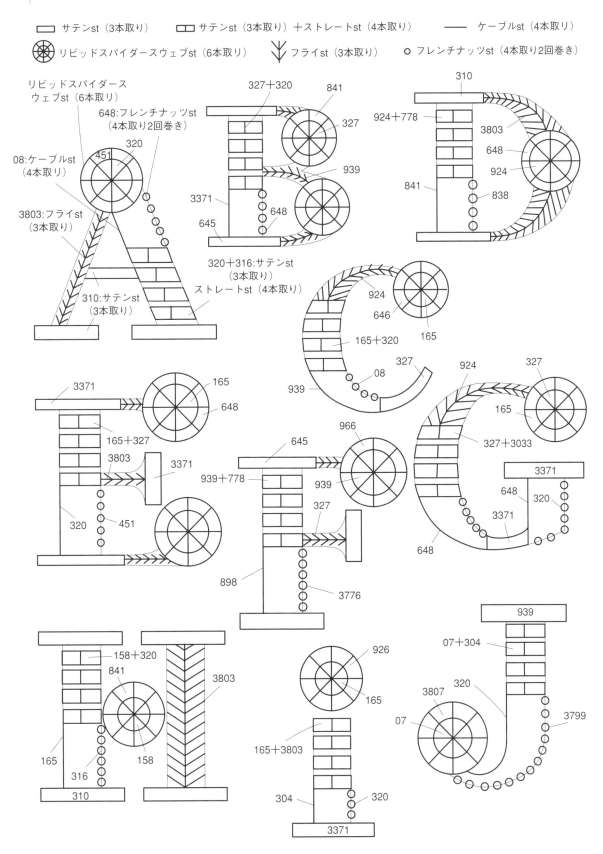

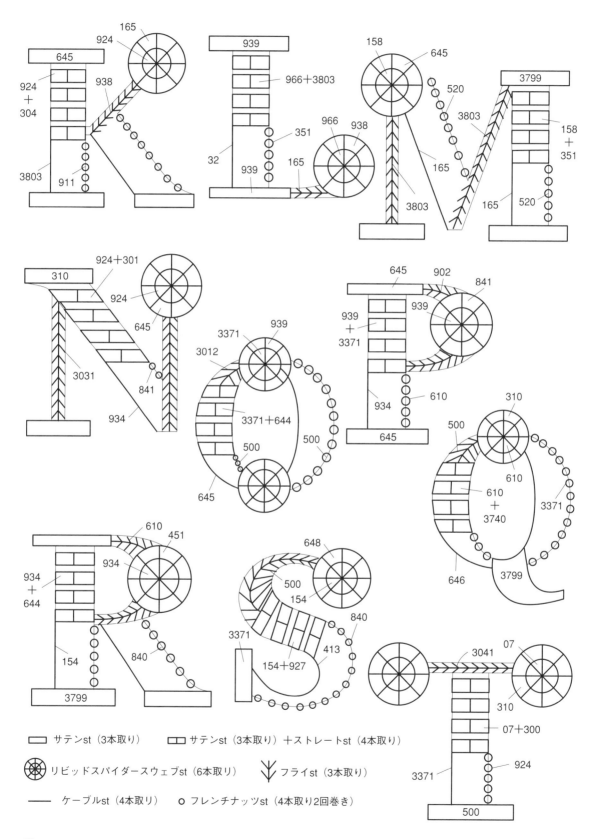

サテンst（3本取り）　　サテンst（3本取り）＋ストレートst（4本取り）

リビッドスパイダースウェブst（6本取り）　　フライst（3本取り）

ケーブルst（4本取り）　o フレンチナッツst（4本取り2回巻き）

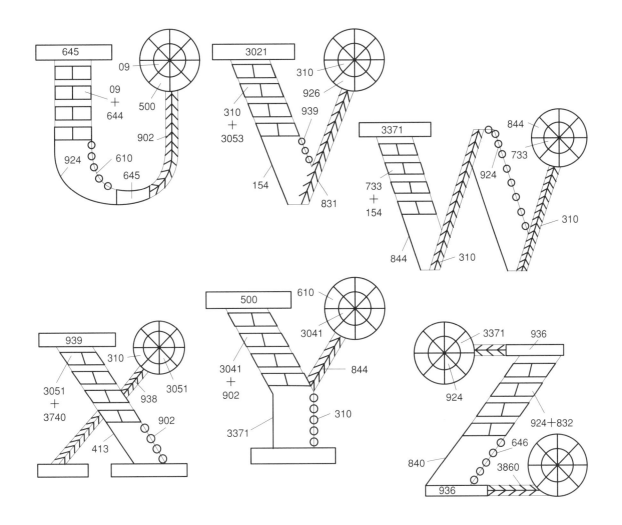

指定以外はロング＆ショートst　　サークルブランケットst

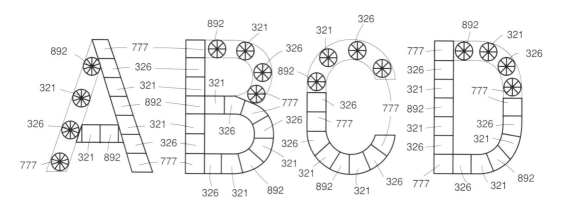

○デリカビーズDB1176　スパンコール

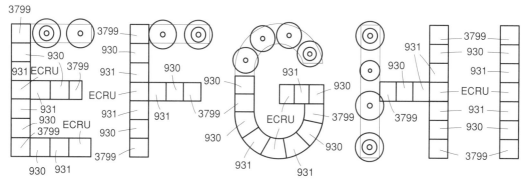

○ デリカビーズDB10

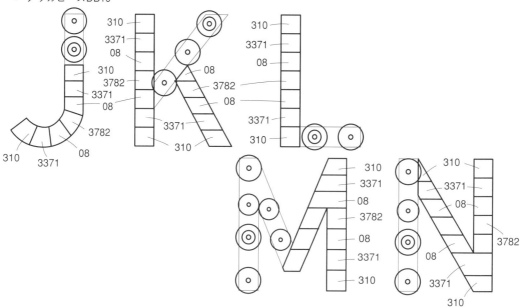

指定以外はロング＆ショートst サークルブランケットst

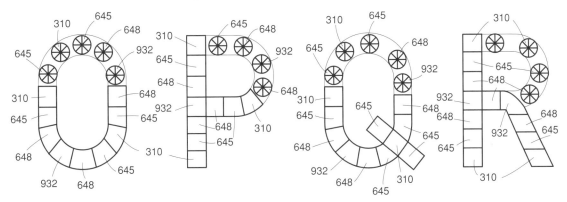

○ デリカビーズDB1176　　　○○○ スパンコール

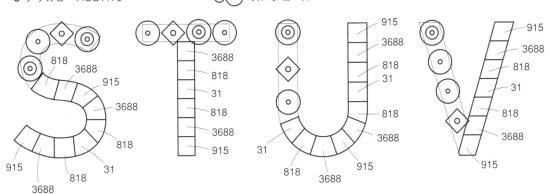

○ デリカビーズDB10

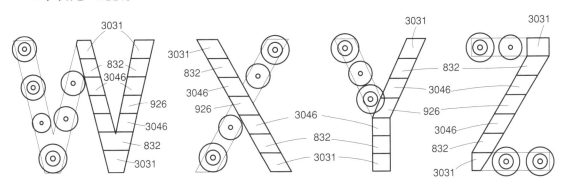

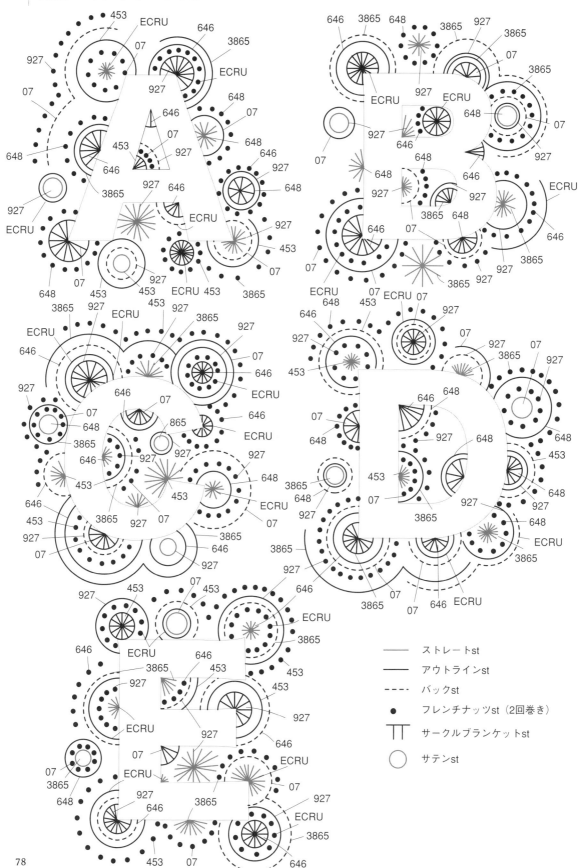

ストレートst
アウトラインst
バックst
フレンチナッツst（2回巻き）
サークルブランケットst
サテンst

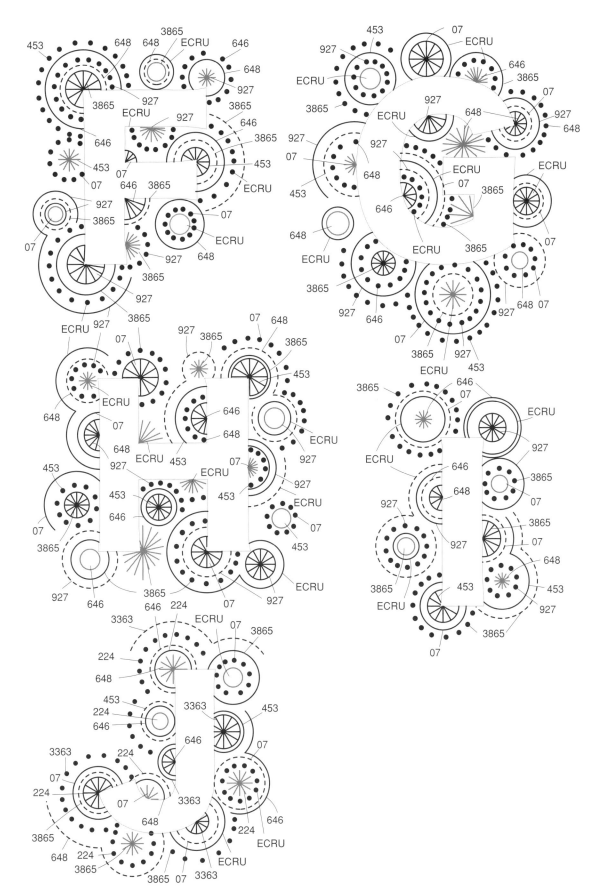

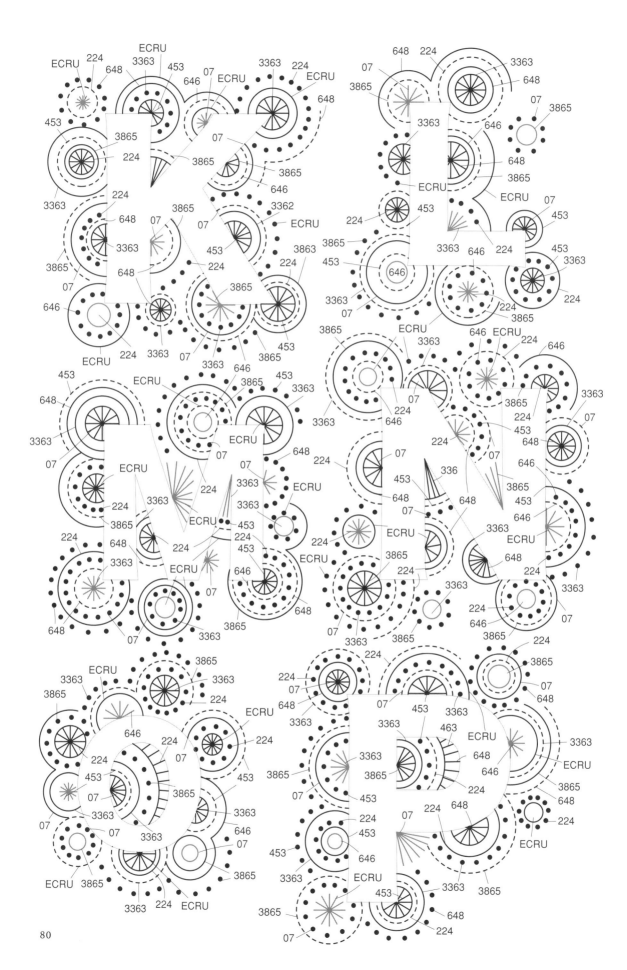

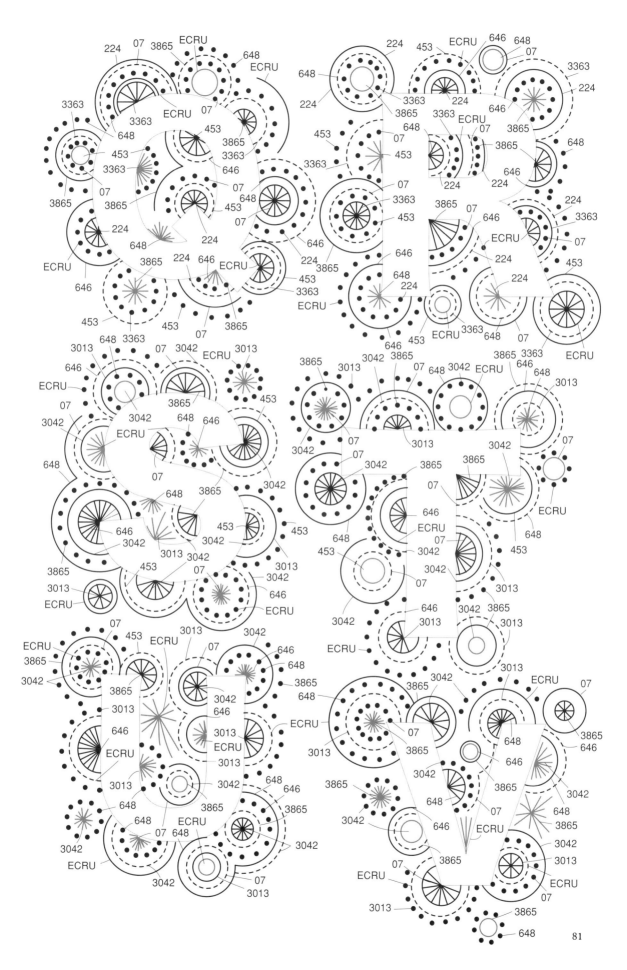

81

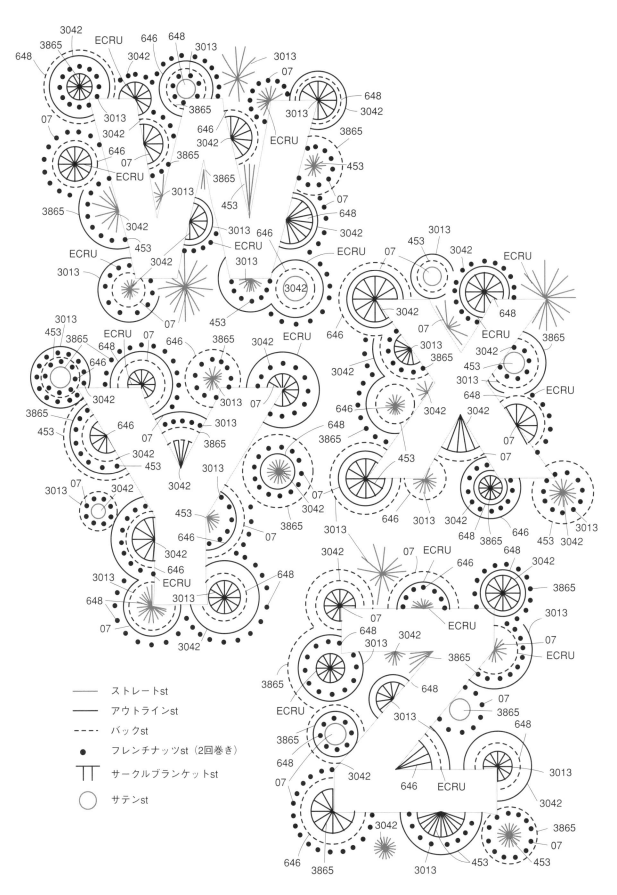

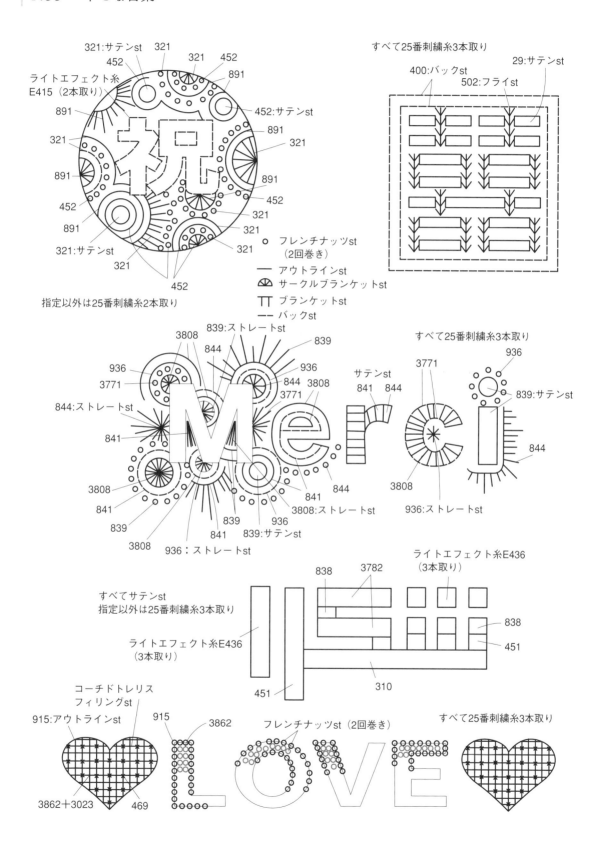

321:サテンst　321
452　　321　452
891
ライトエフェクト糸
E415（2本取り）
891
452:サテンst
321
891
321
891
891
452
452
891
321
452
321
321
321:サテンst
321
321
452

指定以外は25番刺繍糸2本取り

すべて25番刺繍糸3本取り
400:バックst
502:フライst
29:サテンst

○　フレンチナッツst
　　（2回巻き）
――　アウトラインst
⬤　サークルブランケットst
ΤΤ　ブランケットst
― ―　バックst

3808
839:ストレートst
844　839
936
936
3771
844
3808
844:ストレートst
3771
841
サテンst
841　844
3808
841
844
936:ストレートst
3808
841　839　936
839
841
839:サテンst
3808
936：ストレートst

すべて25番刺繍糸3本取り
3771
936
839:サテンst
3808
844

すべてサテンst
指定以外は25番刺繍糸3本取り

838　3782
ライトエフェクト糸E436
（3本取り）
ライトエフェクト糸E436
（3本取り）
838
451
451
310

コーチドトレリス
フィリングst
915:アウトラインst
915　3862
フレンチナッツst（2回巻き）
すべて25番刺繍糸3本取り
3862＋3023　469

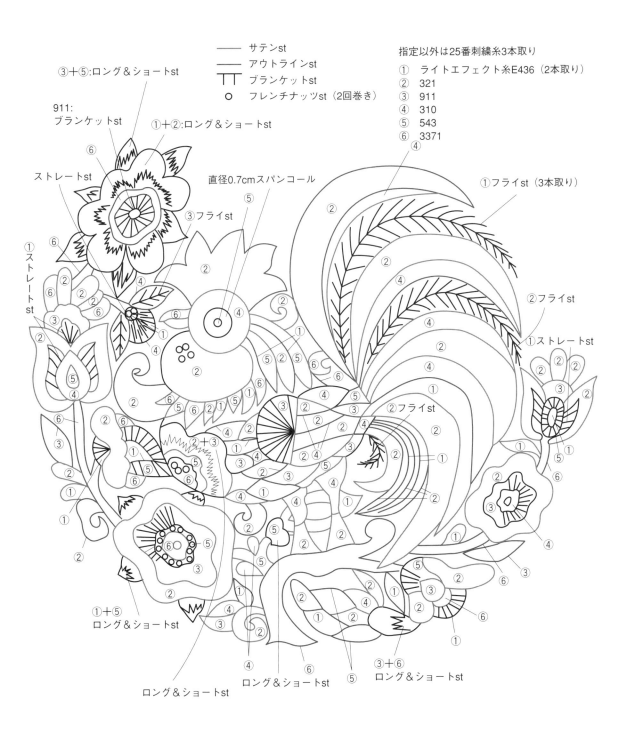

- サテンst
- アウトラインst
- ブランケットst
- ○　フレンチナッツst（2回巻き）

指定以外は25番刺繍糸3本取り
- ① ライトエフェクト糸E436（2本取り）
- ② 321
- ③ 911
- ④ 310
- ⑤ 543
- ⑥ 3371

③＋⑤:ロング＆ショートst

911:
ブランケットst

①＋②:ロング＆ショートst

ストレートst

直径0.7cmスパンコール

③フライst

①ストレートst

①フライst（3本取り）

②フライst

①ストレートst

②フライst

①＋⑤
ロング＆ショートst

ロング＆ショートst

ロング＆ショートst

ロング＆ショートst

③＋⑥
ロング＆ショートst

指定以外は25番刺繍糸2本取り
フレンチナッツstは2回巻き

310:アウトラインst（3本取り）

ディアマントD225:バックst（2本取り）　　ディアマントD225:サテンst（2本取り）

310:フレンチナッツst　　　　　　310:サテンst（3本取り）
991:アウトラインst　　　　　　　3805:ブランケットst
310:アウトラインst　　　　　　991:アウトラインst（3本取り）
ディアマントD225:　　　　　　ディアマントD225:バックst（2本取り）
ブランケットst
（2本取り）　　　　　　　　　　310:アウトラインst
ディアマントD225:　　　　　　310:バックst
アウトラインst　　　　　　　　ディアマントD225:
（2本取り）　　　　　　　　　　アウトラインst（2本取り）
310:バックst　　　　　　　　　ディアマントD225:
310:ストレートst　　　　　　　バックst（1本取り）
3805:アウトラインst　　　　　　ディアマントD225:
　　　　　　　　　　　　　　　　ブランケットst（2本取り）
310:ブランケットst　　　　　　310:アウトラインst
3805:バックst　　　　　　　　3805:フレンチナッツst
3805:ストレートst　　　　　　ディアマントD225:バックst（1本取り）
310:ストレートst　　　　　　　ディアマントD225:バックst（2本取り）
310:ブランケットst　　　　　　ディアマントD225:アウトラインst
ディアマントD225:　　　　　　310:バックst　　　　（2本取り）
ストレートst（2本取り）　　　　310:ストレートst
310:サテンst　　　　　　　　　310:ブランケットst
310:サークルブランケットst　　3805:アウトラインst
　　　　　　　　　ディアマントD225:フライst（2本取り）
310:フライst　　　　310:ブランケットst
310:ブランケットst　　3805:レゼーデージーst
　　　　310:レゼーデージーst

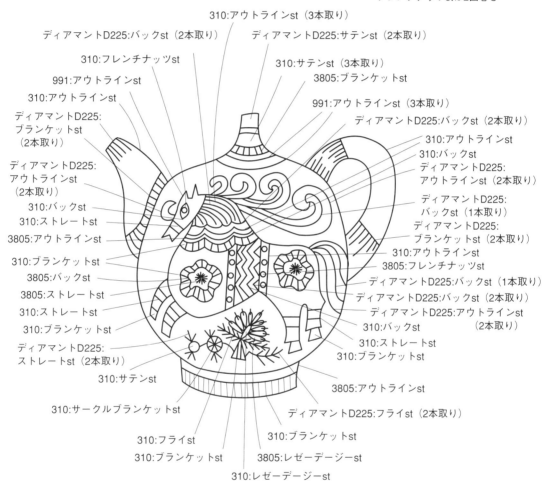

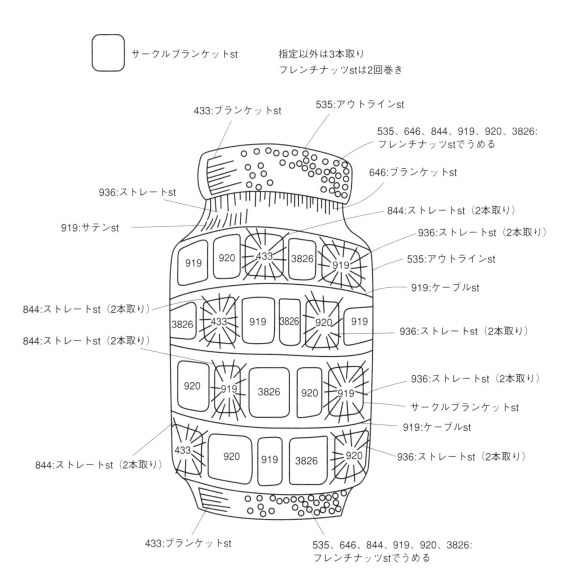

サークルブランケットst　　　　　指定以外は3本取り
フレンチナッツstは2回巻き

433:ブランケットst

535:アウトラインst

535、646、844、919、920、3826:
フレンチナッツstでうめる

646:ブランケットst

936:ストレートst

844:ストレートst（2本取り）

919:サテンst

936:ストレートst（2本取り）

919　920　433　3826　919

535:アウトラインst

919:ケーブルst

844:ストレートst（2本取り）

3826　433　919　3826　920　919

936:ストレートst（2本取り）

844:ストレートst（2本取り）

936:ストレートst（2本取り）

920　919　3826　920　919

サークルブランケットst

919:ケーブルst

433　920　919　3826　920

936:ストレートst（2本取り）

844:ストレートst（2本取り）

433:ブランケットst

535、646、844、919、920、3826:
フレンチナッツstでうめる

86

指定以外は25番刺繍糸3本取り

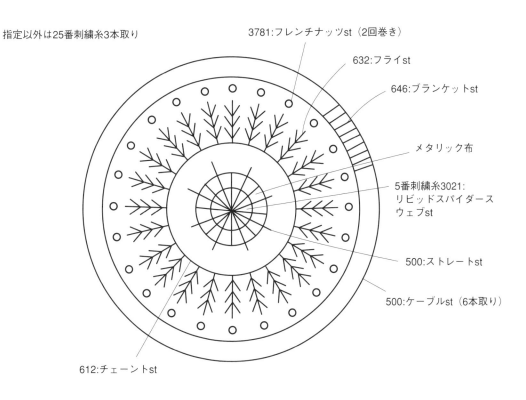

3781:フレンチナッツst（2回巻き）

632:フライst

646:ブランケットst

メタリック布

5番刺繍糸3021:
リビッドスパイダース
ウェブst

500:ストレートst

500:ケーブルst（6本取り）

612:チェーントst

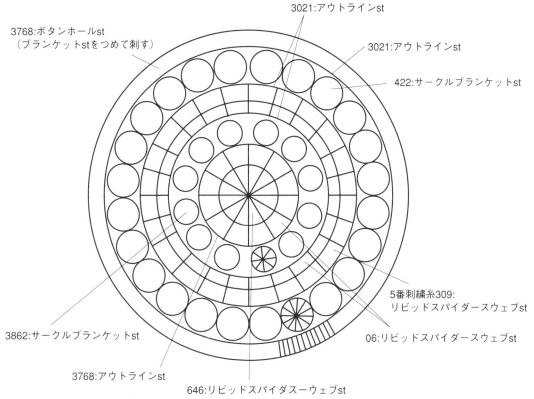

3021:アウトラインst

3021:アウトラインst

422:サークルブランケットst

3768:ボタンホールst
（ブランケットstをつめて刺す）

5番刺繍糸309:
リビッドスパイダースウェブst

06:リビッドスパイダースウェブst

3862:サークルブランケットst

3768:アウトラインst

646:リビッドスパイダスーウェブst

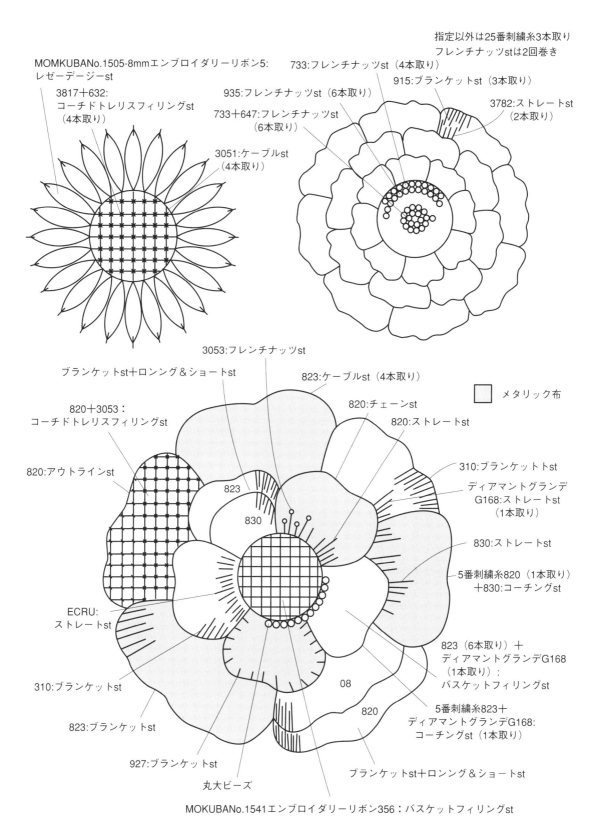

指定以外は25番刺繍糸3本取り
フレンチナッツstは2回巻き

MOMKUBANo.1505-8mmエンブロイダリーリボン5：
レゼーデージーst

3817＋632：
コーチドトレリスフィリングst
（4本取り）

733：フレンチナッツst（4本取り）

915：ブランケットst（3本取り）

935：フレンチナッツst（6本取り）

3782：ストレートst
（2本取り）

733＋647：フレンチナッツst
（6本取り）

3051：ケーブルst
（4本取り）

3053：フレンチナッツst

823：ケーブルst（4本取り）

メタリック布

820：チェーンst

820＋3053：
コーチドトレリスフィリングst

ブランケットst＋ロンング＆ショートst

820：ストレートst

820：アウトラインst

310：ブランケットst

ディアマントグランデ
G168：ストレートst
（1本取り）

823

830

830：ストレートst

ECRU：
ストレートst

5番刺繍糸820（1本取り）
＋830：コーチングst

823（6本取り）＋
ディアマントグランデG168
（1本取り）：
バスケットフィリングst

310：ブランケットst

08

5番刺繍糸823＋
ディアマントグランデG168：
コーチングst（1本取り）

820

823：ブランケットst

ブランケットst＋ロンング＆ショートst

927：ブランケットst

丸大ビーズ

MOKUBANo.1541エンブロイダリーリボン356：バスケットフィリングst

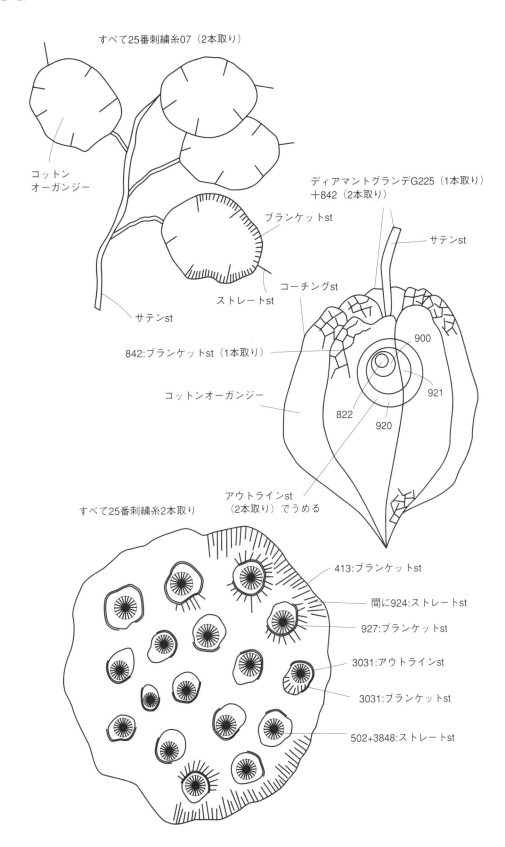

すべて25番刺繍糸07（2本取り）

コットン
オーガンジー

ブランケットst

コーチングst

ストレートst

サテンst

ディアマントグランデG225（1本取り）
＋842（2本取り）

サテンst

842:ブランケットst（1本取り）

コットンオーガンジー

900

921

822

920

アウトラインst
（2本取り）でうめる

すべて25番刺繍糸2本取り

413:ブランケットst

間に924:ストレートst

927:ブランケットst

3031:アウトラインst

3031:ブランケットst

502+3848:ストレートst

25番刺繍糸3本取り

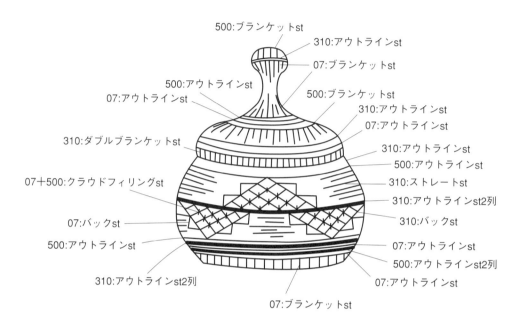

500:ブランケットst
310:アウトラインst
07:ブランケットst
500:アウトラインst
07:アウトラインst
500:ブランケットst
310:アウトラインst
07:アウトラインst
310:ダブルブランケットst
310:アウトラインst
500:アウトラインst
07＋500:クラウドフィリングst
310:ストレートst
310:アウトラインst2列
07:バックst
310:バックst
500:アウトラインst
07:アウトラインst
500:アウトラインst2列
310:アウトラインst2列
07:アウトラインst
07:ブランケットst

25番刺繍糸2本取り

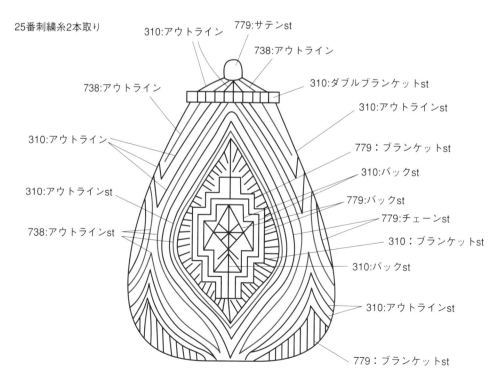

310:アウトライン
779:サテンst
738:アウトライン
738:アウトライン
310:ダブルブランケットst
310:アウトラインst
310:アウトライン
779：ブランケットst
310:バックst
310:アウトラインst
779:バックst
779:チェーンst
738:アウトラインst
310：ブランケットst
310:バックst
310:アウトラインst
779：ブランケットst

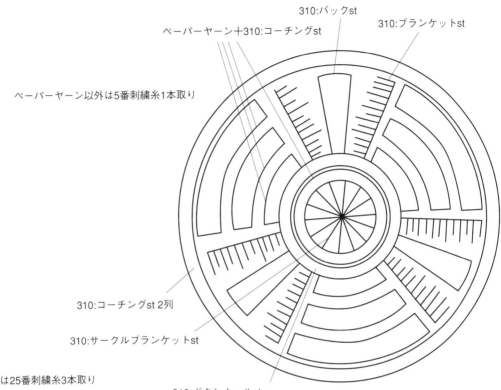

310:バックst

ペーパーヤーン＋310:コーチングst

310:ブランケットst

ペーパーヤーン以外は5番刺繍糸1本取り

310:コーチングst 2列

310:サークルブランケットst

310:ボタンホールst
（ブランケットstをつめて刺す）

指定以外は25番刺繍糸3本取り

5番刺繍糸3021:ボタンホールst（1本取り）
（ブランケットstをつめて刺す）

5番刺繍糸3021:
ブランケットst
（1本取り）

5番刺繍糸841（1本取り）＋3768:コーチングst

指定以外は25番刺繍糸3本取り

831:アウトラインst

3031:フライst

ペーパーヤーン＋3031:
コーチングst

918:アウトラインst

3768:サテンst
（6本取り）

3768:バックst
（3本取り）

5番刺繍糸3021:ケーブルst（1本取り）

3768:リビッドスパイダースウェブst
（6本取り）

3031:ダブルブランケットst

3031:ブランケットst

5番刺繍糸841:サークルブランケットst（1本取り）

918＋613:リビッドスパイダースウェブst

すべて25番刺繍糸3本取り

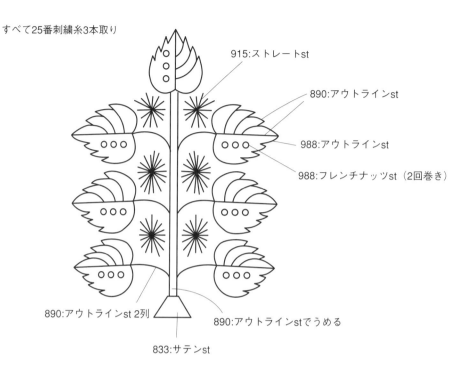

915：ストレートst

890：アウトラインst

988：アウトラインst

988：フレンチナッツst（2回巻き）

890：アウトラインst 2列

890：アウトラインstでうめる

833：サテンst

すべて25番刺繍糸
指定以外はアウトラインst（3本取り）

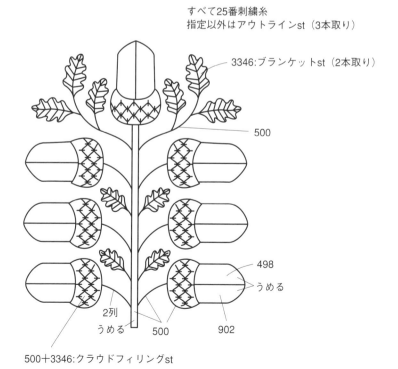

3346：ブランケットst（2本取り）

500

498

うめる

902

500

2列

うめる

500＋3346：クラウドフィリングst

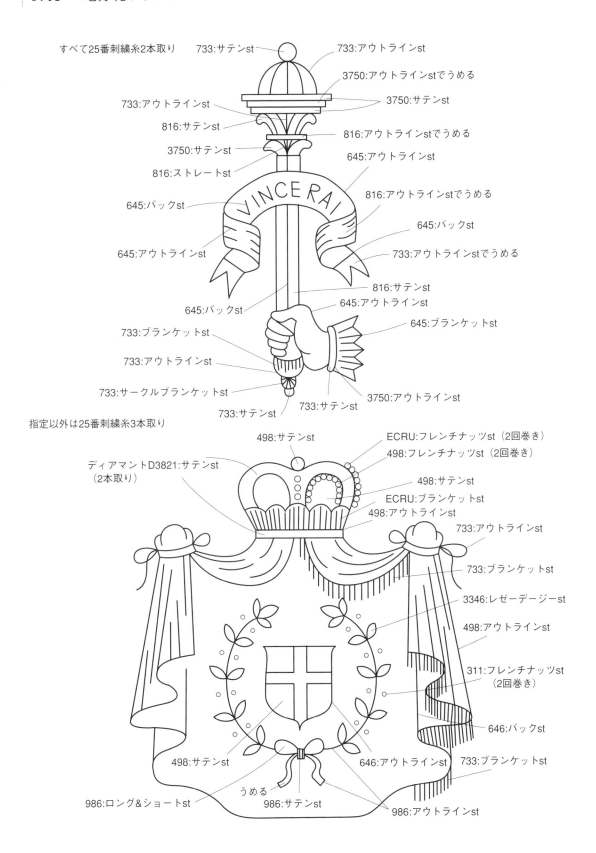

すべて25番刺繍糸2本取り

733:サテンst

733:アウトラインst

3750:アウトラインstでうめる

3750:サテンst

733:アウトラインst

816:サテンst

816:アウトラインstでうめる

3750:サテンst

645:アウトラインst

816:ストレートst

816:アウトラインstでうめる

645:バックst

645:バックst

733:アウトラインstでうめる

645:アウトラインst

816:サテンst

645:アウトラインst

645:バックst

645:ブランケットst

733:ブランケットst

733:アウトラインst

733:サークルブランケットst

3750:アウトラインst

733:サテンst

733:サテンst

指定以外は25番刺繍糸3本取り

498:サテンst

ECRU:フレンチナッツst（2回巻き）

498:フレンチナッツst（2回巻き）

ディアマントD3821:サテンst
（2本取り）

498:サテンst

ECRU:ブランケットst

498:アウトラインst

733:アウトラインst

733:ブランケットst

3346:レゼーデージーst

498:アウトラインst

311:フレンチナッツst
（2回巻き）

646:バックst

498:サテンst

646:アウトラインst

733:ブランケットst

986:ロング&ショートst

うめる

986:サテンst

986:アウトラインst

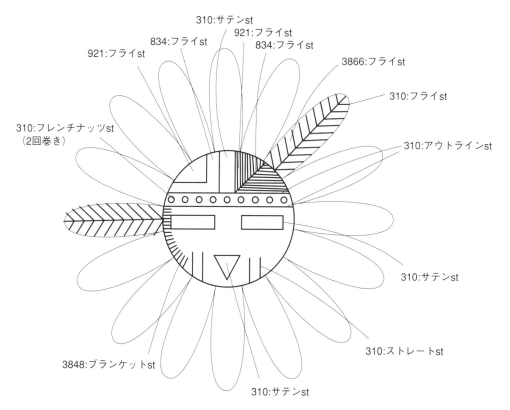

310:サテンst
834:フライst
921:フライst
834:フライst
921:フライst
3866:フライst
310:フライst
310:フレンチナッツst
（2回巻き）
310:アウトラインst
310:サテンst
3848:ブランケットst
310:ストレートst
310:サテンst

すべて25番刺繍糸3本取り

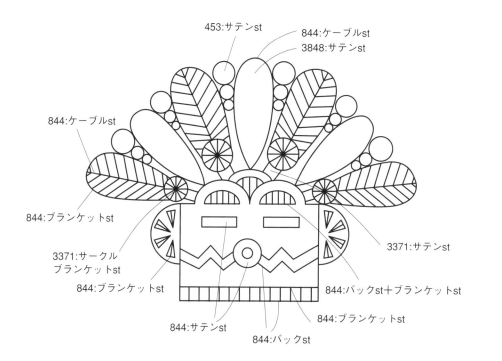

453:サテンst
844:ケーブルst
3848:サテンst
844:ケーブルst
844:ブランケットst
3371:サークル
ブランケットst
844:ブランケットst
844:サテンst
844:バックst
844:ブランケットst
844:バックst＋ブランケットst
3371:サテンst

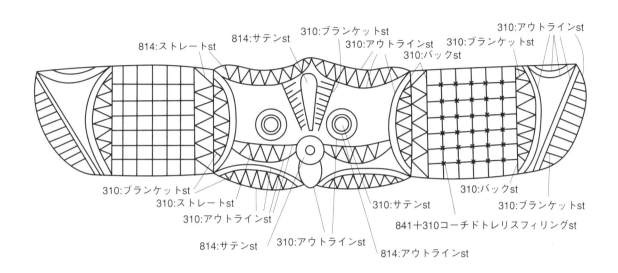

814:ストレートst
814:サテンst
310:ブランケットst
310:アウトラインst
310:ブランケットst
310:アウトラインst
310:バックst
310:ブランケットst
310:ストレートst
310:アウトラインst
814:サテンst
310:アウトラインst
310:サテンst
310:バックst
310:ブランケットst
814:アウトラインst
841+310コーチドトレリスフィリングst

すべて25番刺繍糸2本取り

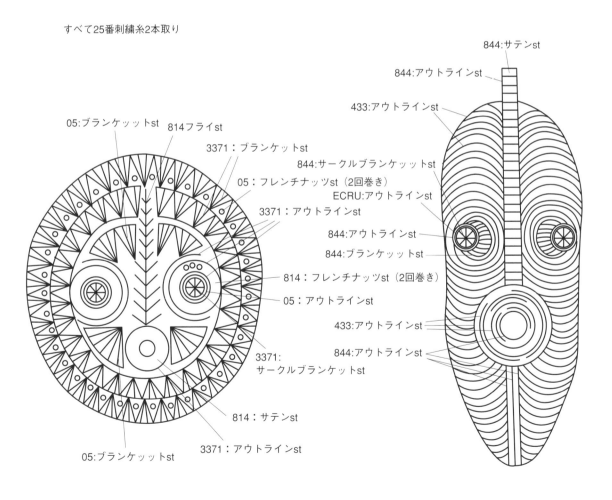

05:ブランケットst
814フライst
3371：ブランケットst
05：フレンチナッツst（2回巻き）
3371：アウトラインst
814：フレンチナッツst（2回巻き）
05：アウトラインst
3371：
サークルブランケットst
814：サテンst
3371：アウトラインst
05：ブランケットst

844:サテンst
844:アウトラインst
433:アウトラインst
844:サークルブランケットst
ECRU:アウトラインst
844:アウトラインst
844:ブランケットst
433:アウトラインst
844:アウトラインst

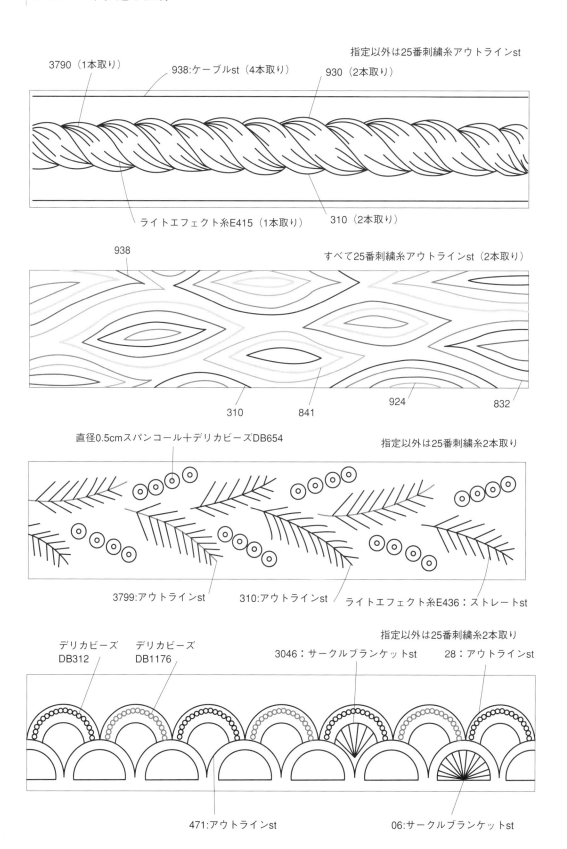

3790（1本取り）
938:ケーブルst（4本取り）
930（2本取り）
指定以外は25番刺繍糸アウトラインst

ライトエフェクト糸E415（1本取り）
310（2本取り）

938
すべて25番刺繍糸アウトラインst（2本取り）

310
841
924
832

直径0.5cmスパンコール＋デリカビーズDB654
指定以外は25番刺繍糸2本取り

3799:アウトラインst
310:アウトラインst
ライトエフェクト糸E436：ストレートst

デリカビーズ
DB312
デリカビーズ
DB1176
3046：サークルブランケットst
指定以外は25番刺繍糸2本取り
28：アウトラインst

471:アウトラインst
06:サークルブランケットst

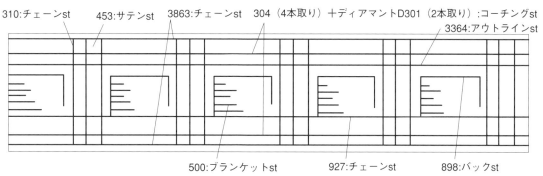

指定以外は25番刺繍糸3本取り

310:チェーンst　　453:サテンst　　3863:チェーンst　　304（4本取り）＋ディアマントD301（2本取り）:コーチングst
3364:アウトラインst

500:ブランケットst　　927:チェーンst　　898:バックst

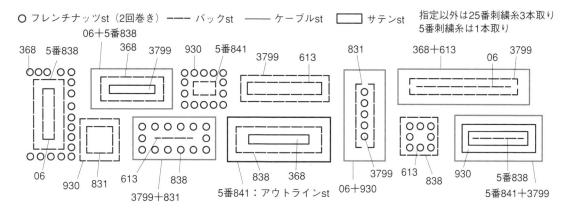

○ フレンチナッツst（2回巻き）　---- バックst　　―― ケーブルst　　□ サテンst

指定以外は25番刺繍糸3本取り
5番刺繍糸は1本取り

368　5番838　　06＋5番838　368　3799　　930　5番841　3799　613　　831　3799　　368＋613　06　3799

06　930　831　613　838　838　368　3799　613　838　930　5番838
3799＋831　5番841:アウトラインst　06＋930　5番841＋3799

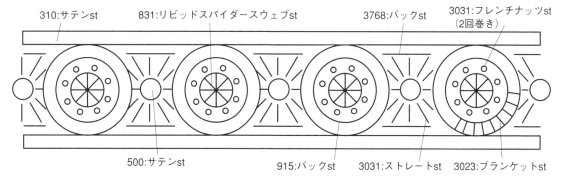

すべて25番刺繍糸3本取り

310:サテンst　　831:リビッドスパイダースウェブst　　3768:バックst　　3031:フレンチナッツst（2回巻き）

500:サテンst　　915:バックst　　3031:ストレートst　　3023:ブランケットst

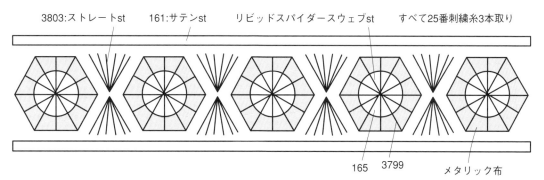

3803:ストレートst　　161:サテンst　　リビッドスパイダースウェブst　　すべて25番刺繍糸3本取り

165　3799　　メタリック布

P.50　カードケース

出来上がり寸法　7.5×12.5cm

■ 材料と用尺

メタリック布10×10cm
本体用布、裏布、キルト綿各15×20cm
ポケット用布15×15cm
接着芯30×20cm
直径0.9cmブレード50cm
直径0.3cmひも10cm
直径1.5・1.2cmボタン各1個
デリカビーズDB205、DB1176、DBC10各適宜
25番刺繍糸310、352、367、452、645、915、926、
3371、3364、3860

■ 作り方のポイント

・ 縫い代は1cmつける。
・ 接着芯は不織布タイプ以外を使う。

■ 作り方

①本体とポケットに接着芯をはる。
②本体にメタリック布を重ね、刺繍をしてビーズをつける。
③キルト綿に本体を重ね、ブレードをしつけで仮止めする。
④本体とポケットを中表に合わせて脇と底を縫う。
⑤裏布を中表に合わせて縫い止まり位置から縫い止まり位置まで縫う。
⑥表に返して、ポケット部分の縫い代を折り込んだ本体にまつる。
⑦ボタンとループをつける。

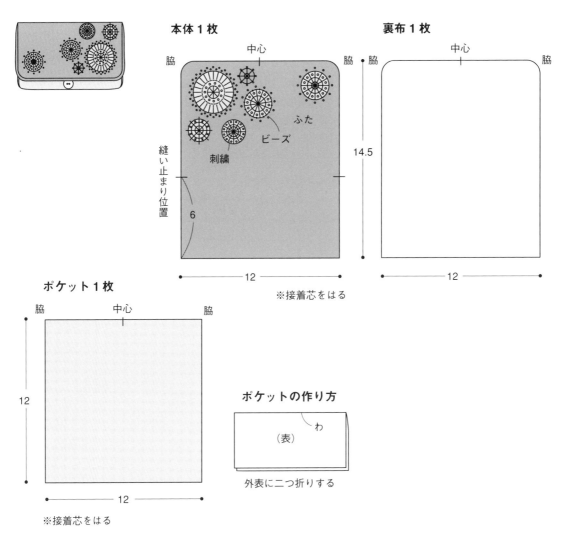

本体1枚

脇　中心　脇

ふた
ビーズ
刺繍
縫い止まり位置
6
14.5
12
※接着芯をはる

裏布1枚

脇　中心　脇

14.5
12

ポケット1枚

脇　中心　脇

12
12
※接着芯をはる

ポケットの作り方

（表）
わ
外表に二つ折りする

仕立て方

①

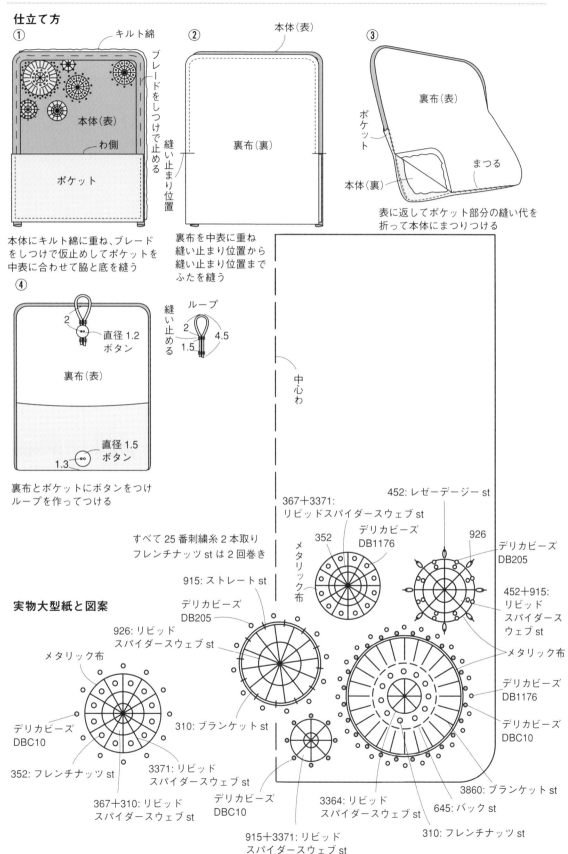

キルト綿

ブレードをしつけで止める

本体(表)

わ側

ポケット

本体にキルト綿に重ね、ブレードをしつけで仮止めしてポケットを中表に合わせて脇と底を縫う

②

本体(表)

裏布(裏)

縫い止まり位置

裏布を中表に重ね縫い止まり位置から縫い止まり位置までふたを縫う

③

裏布(表)

ポケット

本体(裏)

まつる

表に返してポケット部分の縫い代を折って本体にまつりつける

④

2

直径1.2 ボタン

裏布(表)

1.3

直径1.5 ボタン

裏布とポケットにボタンをつけループを作ってつける

縫い止める

ループ

2 4.5

1.5

実物大型紙と図案

すべて25番刺繍糸2本取り
フレンチナッツ st は2回巻き

中心わ

367＋3371:
リビッドスパイダースウェブ st

452: レゼーデージー st

デリカビーズ
DB1176

926

352

メタリック布

デリカビーズ
DB205

452＋915:
リビッド
スパイダース
ウェブ st

メタリック布

デリカビーズ
DB1176

デリカビーズ
DBC10

915: ストレート st

デリカビーズ
DB205

926: リビッド
スパイダースウェブ st

メタリック布

310: ブランケット st

デリカビーズ
DBC10

352: フレンチナッツ st

367＋310: リビッド
スパイダースウェブ st

3371: リビッド
スパイダースウェブ st

デリカビーズ
DBC10

915＋3371: リビッド
スパイダースウェブ st

3364: リビッド
スパイダースウェブ st

3860: ブランケット st

645: バック st

310: フレンチナッツ st

99

■ 材料と用尺

本体前上布30×15cm

本体前下布30×30cm

本体後ろ用布30×35cm

中袋用布（内ポケット分含む）75×35cm

持ち手用布55×20cm

接着芯60×50cm

幅1.3cmワープレストリミングブレードリボン4種各40cm

25番刺繍糸35、520、840、930、3371、3826

5番刺繍糸832、939

Anchorパールコットン5番メタリック7683

■ 作り方

①本体前下にブレードを縫いつけ、刺繍をする。

②本体上と下を縫い合わせる。

③持ち手を作り、本体に仮止めする。

④内ポケットを作り、中袋につける。

⑤本体前と後ろを中表に合わせて脇と底を縫う。中袋も同様に縫う。

⑥本体と中袋の口の縫い代を折り、外表に合わせて縫う。

■ 作り方のポイント

・ ブレードなどは好きなものを使うとよい。

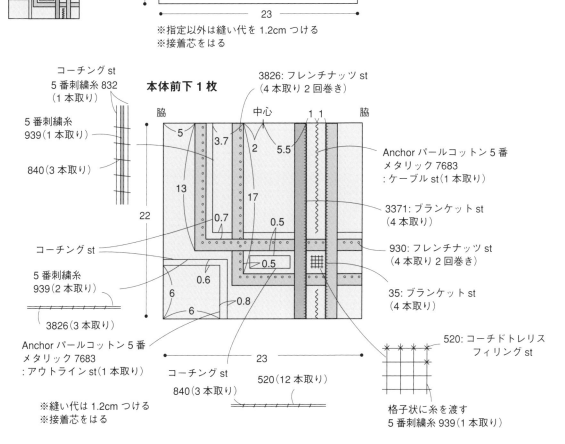

本体後ろ 1 枚

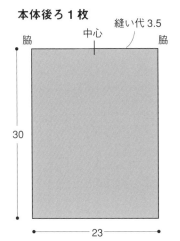

縫い代 3.5
脇　中心　脇
30
23

※指定以外の縫い代は 1.2cm つける
※口の縫い代に接着芯をはる

中袋 2 枚

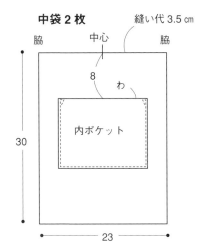

縫い代 3.5 cm
脇　中心　脇
8
わ
内ポケット
30
23

※指定以外の縫い代は 1.2cm つける
※口の縫い代に接着芯をはる

内ポケット 1 枚

裁ち切り
24
16

内ポケットの作り方

わ
（裏）
返し口

中表に二つ折りして
周囲を縫い、表に返す

本体のまとめ方

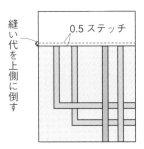

0.5 ステッチ
縫い代を上側に倒す

本体上と本体下を縫い合わせ
縫い代を倒してステッチで押さえる

持ち手 2 枚

8
裁ち切り
50
※接着芯をはる

持ち手の作り方

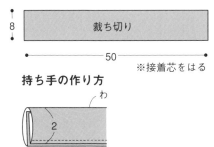

わ
2

四つ折りしにして縫う

持ち手のつけ方

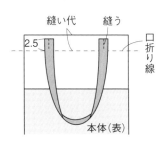

縫い代　縫う
2.5
口折り線
本体（表）

本体の口側の縫い代に
持ち手を縫いつける

仕立て方

①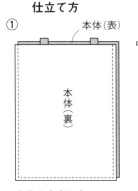

本体（表）
本体（裏）

本体を中表に合わせて
脇と底を縫う
中袋も同様に縫う

②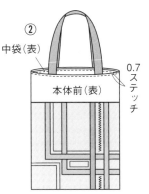

中袋（表）
0.7 ステッチ
本体前（表）

本体と中袋の口の縫い代を折り
外表に合わせて縫う

■ 材料と用尺

本体前用布、本体後ろ用布各30×25cm
直径1cmボタン2個
長さ1.3cm竹ビーズ40個
デリカビーズDB1176、DB1451各適宜
直径0.7・0.8cmスパンコール各適宜
直径1.2cmボタン2個
手芸綿適宜
25番刺繍糸BLANC、ECRU、3033
ディアマントD168、D225
Appletons Crewel Wool 871、991B

■ 作り方のポイント

• スパンコールやビーズは好みのものを使う。

■ 作り方

①本体前に刺繍をしてビーズをつける。
②本体前と本体後ろを中表に合わせ、返し口を残して周囲を縫う。
③表に返して綿を詰め、返し口をまつってとじる。
④リングホルダー位置で本体前と本体後ろを縫い止める。
⑤リングホルダーをつける。

―――　アウトライン st　　　｜｜｜｜　ブランケット st
⬭⬭⬭⬭⬭　チェーン st　　　　⊛　サークルブランケット st
- - - -　バック st　　　　　　○　ビーズ
　　　　　　　　　　　　　　⊙　スパンコール＋ビーズ

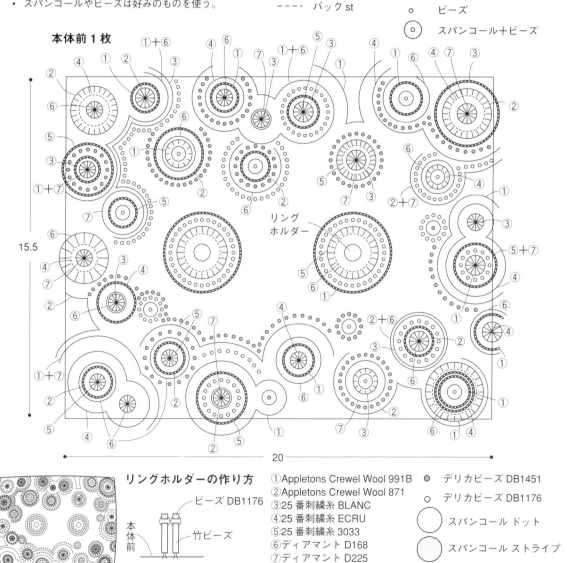

本体前 1 枚

15.5

20

リングホルダーの作り方

ビーズ DB1176
本体前
竹ビーズ
20 本つける

①Appletons Crewel Wool 991B
②Appletons Crewel Wool 871
③25 番刺繍糸 BLANC
④25 番刺繍糸 ECRU
⑤25 番刺繍糸 3033
⑥ディアマント D168
⑦ディアマント D225

● デリカビーズ DB1451
○ デリカビーズ DB1176
◯ スパンコール ドット
◯ スパンコール ストライプ

①②は 1 本取り、③〜⑦は 3 本取り、組み合わせるものは各 1 本取り

本体後ろ1枚

15.5

20

仕立て方

① 本体前（表）

本体後ろ（裏）

返し口

本体前と後ろを中表に
合わせ、返し口を残して
周囲を縫う

② 本体前（表）

まつる

表に返して綿を詰め
返し口をまつってとじる

③ 本体前　リングホルダー

ボタン　本体後ろ

リングホルダーの位置で
後ろにボタンを当て
本体前と後ろに糸を通して引き
へこませる
リングホルダーをつける

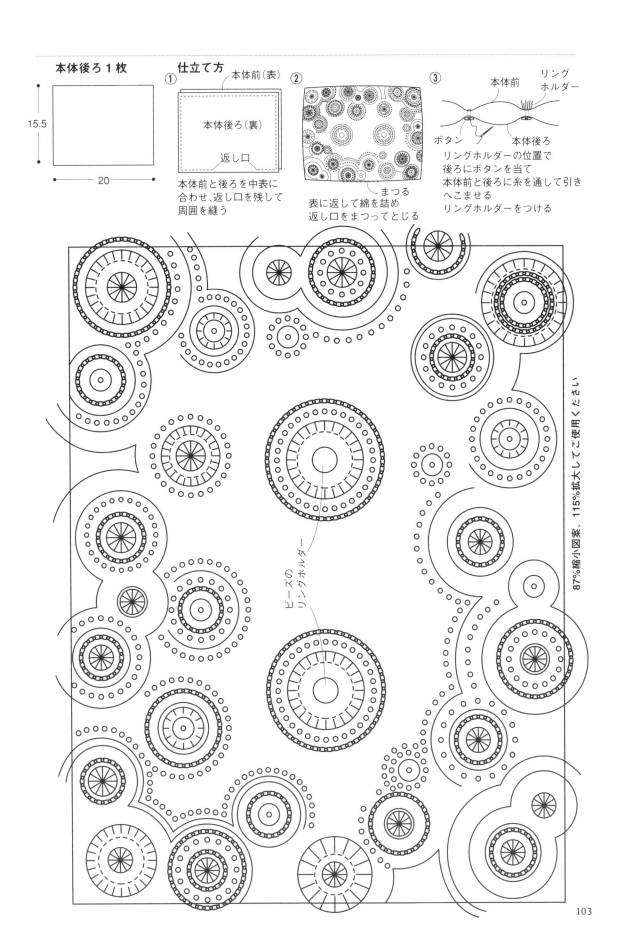

ビーズの
リングホルダー

87%縮小図案、115%拡大してご使用ください

■ 材料と用尺

本体用布（ひも飾り分含む）40×30cm
本体裏布30×30cm
ループ用布40×10cm
幅1.5cmリボン75cm
直径0.3cmひも2種各200cm
25番刺繍糸05、367、646、779、815、926

■ 作り方のポイント

• ひもは2本ずつ通す。

■ 作り方

①本体とループに刺繍をする。
②ループを作る。
③本体にループを仮止めする。
④本体と裏布を中表に合わせ、返し口を残して周囲を縫う。
⑤表に返して返し口をまつってとじる。
⑥周囲にステッチをする。
⑦ひもを通し、ひも飾りをつける。

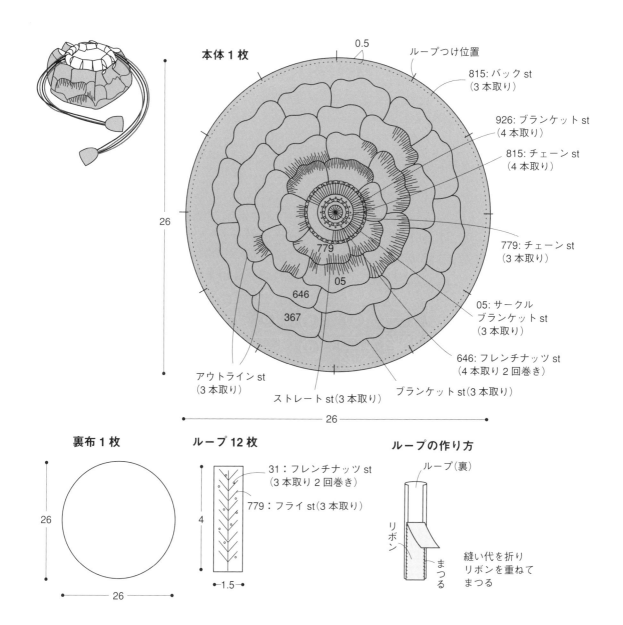

本体1枚

0.5
ループつけ位置
815：バック st（3本取り）
926：ブランケット st（4本取り）
815：チェーン st（4本取り）
779：チェーン st（3本取り）
05：サークルブランケット st（3本取り）
646：フレンチナッツ st（4本取り2回巻き）
ブランケット st（3本取り）
779
05
646
367
26
26
アウトライン st（3本取り）
ストレート st（3本取り）

裏布1枚
26
26

ループ12枚
31：フレンチナッツ st（3本取り2回巻き）
779：フライ st（3本取り）
4
1.5

ループの作り方
ループ（裏）
リボン
まつる
縫い代を折りリボンを重ねてまつる

仕立て方

① 本体にループを仮止めし
裏布を中表に重ね
返し口を残して周囲を縫う

ループ
表布（表）
しつけ
裏布（裏）
返し口

② 表に返して返し口を
まつってとじ、周囲を
ステッチする

バックSt
まつる

③ ひもを左右から通し、ひも飾りをつける

長さ95 ひも
2本
ひも飾り

ひも飾り2枚

8
8

ひも飾りの作り方

① 中表に
二つ折りして
輪に縫う

0.5
（裏）
わ

② 二つに折る

（表）
わ

③ ひもの先端を通し
ぐし縫いする

0.5
長さ95 ひも

④ ぐし縫いを
引き絞って返す

50%縮小図案、
200%拡大してご使用ください

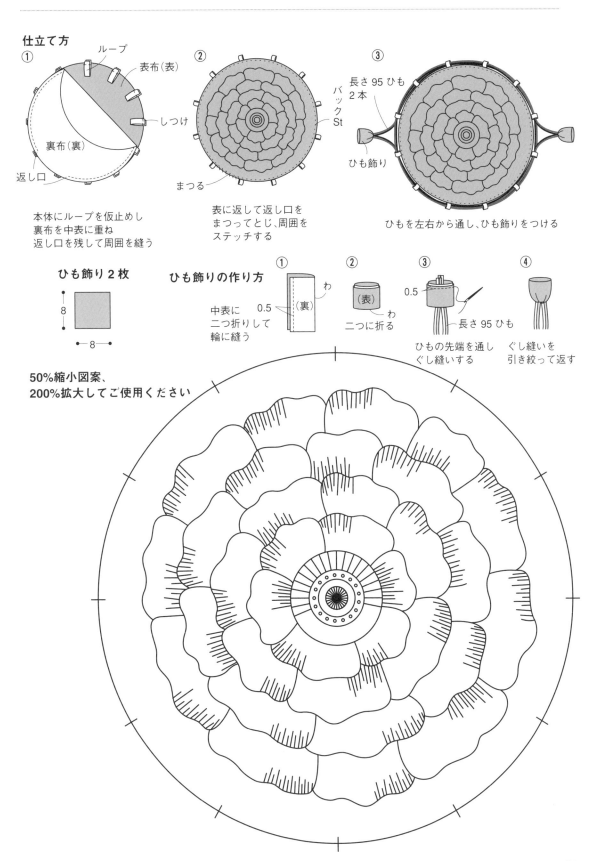

■ 材料と用尺

本体用布15×15cm
当て布用メタリック布、厚紙各5×5cm
長さ2.5cmブローチピン1本
TOHO ウッドビーズNR4-2、4-6各適宜
MOKUBAN o.1513刺繍用ガーゼリボン12
メルヘンアート マニラヘンプヤーン494、521

■ 作り方のポイント

• スタンプワークとペーパーヤーンの止め方は23ページ参照。
• 実物大図案は109ページに掲載。

■ 作り方

①スタンプワークで花びらを2重に作る。
②花びらの内側にペーパーヤーンを2周止める。
③中心にウッドビーズをつける。
④布をカットして周囲をぐし縫いし、厚紙をくるんでぐし
　縫いを引き絞る。
⑤本体の後ろに当て布をブランケットステッチで縫いつ
　け、ブローチピンをつける。

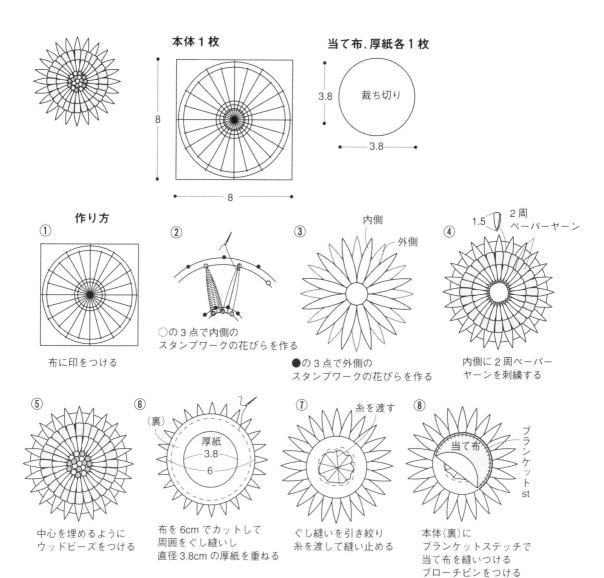

本体1枚

8

8

当て布、厚紙各1枚

3.8

裁ち切り

3.8

作り方

① 布に印をつける

② ○の3点で内側の
スタンプワークの花びらを作る

③ 内側
外側
●の3点で外側の
スタンプワークの花びらを作る

④ 1.5　2周
ペーパーヤーン
内側に2周ペーパー
ヤーンを刺繍する

⑤ 中心を埋めるように
ウッドビーズをつける

⑥ (裏)　厚紙
3.8
6
布を6cmでカットして
周囲をぐし縫いし
直径3.8cmの厚紙を重ねる

⑦ 糸を渡す
ぐし縫いを引き絞り
糸を渡して縫い止める

⑧ 当て布　ブランケット
st
本体(裏)に
ブランケットステッチで
当て布を縫いつける
ブローチピンをつける

■ 材料と用尺

本体用布10×10cm
厚紙5×5cm
長さ6cmバレッタ金具1本
TOHOウッドビーズNR4-2、4-6各適宜
MOKUBANo.1513刺繍用ガーゼリボン12
メルヘンアート マニラヘンプヤーン494、508

■ 作り方

① スタンプワークで花びらを作る。
② 花びらの内側にペーパーヤーンを2周止める。
③ 中心にウッドビーズをつける。
④ 布をカットして周囲をぐし縫いし、厚紙をくるんでぐし
　 縫いを引き絞る。
⑤ 本体の後ろにバレッタ金具をつける。

■ 作り方のポイント

・ スタンプワークとペーパーヤーンの止め方は23ページ参照。

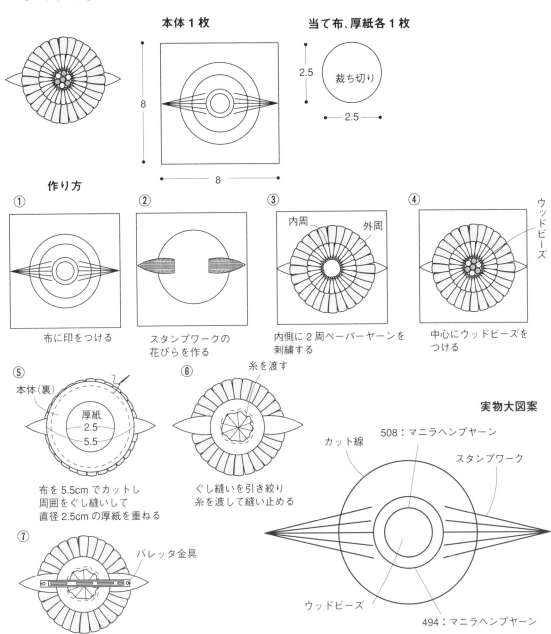

本体1枚

8
8

当て布、厚紙各1枚

2.5
裁ち切り
2.5

作り方

①
布に印をつける

②
スタンプワークの
花びらを作る

③
内周　外周
内側に2周ペーパーヤーンを
刺繍する

④
ウッドビーズ
中心にウッドビーズを
つける

⑤
本体（裏）
厚紙
2.5
5.5
布を5.5cmでカットし
周囲をぐし縫いして
直径2.5cmの厚紙を重ねる

⑥
糸を渡す
ぐし縫いを引き絞り
糸を渡して縫い止める

⑦
バレッタ金具
後ろにバレッタ金具をつける

実物大図案

508：マニラヘンプヤーン
スタンプワーク
カット線
ウッドビーズ
494：マニラヘンプヤーン

■ 材料と用尺

共通

本体用布15×15cm

当て布用メタリック布、厚紙各5×5cm

直径3cmミラー1枚

ブローチA

MOKUBANo.4677-10mmワープレスリボン12　15cm

長さ2.5cmブローチピン1本

MIYUKI H2518E401F 5mm13個

TOHOウッドビーズR5-6　13個

25番刺繍糸840、ECRU

ブローチB

長さ2.5cmブローチピン1本

MIYUKI H2518E401F 5mm29個

25番刺繍糸645、840、ECRU

5番刺繍糸645

Anchorパールコットン5番メタリック7001

ブックバンド

MOKUBANo.4677-10mmワープレスリボン3　15cm

MIYUKI H2518E401F 5mm13個

TOHOウッドビーズR5-6　13個

幅1.5cmグロランリボン90cm

直径2.2cmボタン1個

25番刺繍糸12、310

■ 作り方のポイント

・ ムーンステッチの刺し方は26ページ参照。

■ 作り方

① 本体にミラーワークをして刺繍をし、ウッドビーズをつける。

② Aとブックバンドは周囲にワープレスリボンを縫いつける。Bは三つ編みを作ってステッチで縫いつけてリボンにする。

③ 本体の周囲をぐし縫いし、厚紙を重ねてぐし縫いを引き絞る。

④ 本体裏に当て布を縫いつける。

⑤ AとBはブローチピンをつける。

⑥ ブックバンドはリボンをつけ、ボタンをつける。

ブローチ

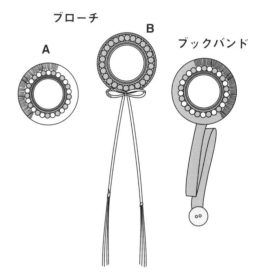

A　B　ブックバンド

本体1枚（共通）　ワープレスリボンを縫い止める

ウッドビーズ

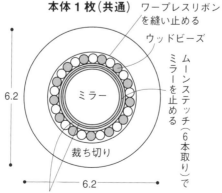

6.2

6.2

ミラー

ムーンステッチでミラーを止める

ムーンステッチ（6本取り）で

裁ち切り

ムーンステッチの上にバックステッチの要領で飾りステッチをする

※ミラーワークをしてビーズとワープレスリボンをつけてから布をカットする

当て布、厚紙各1枚

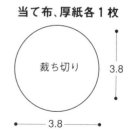

3.8

裁ち切り

3.8

※当て布はメタリック布を使用

作り方（共通）

①
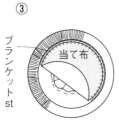

本体（裏）
厚紙

本体に厚紙を重ね
周囲をぐし縫いして引き絞る

②
糸を渡す

ぐし縫いを引き絞り
糸を渡して縫い止める

③
当て布
ブランケット st

本体（裏）にブランケット
ステッチで当て布を
縫いつける

④

ブローチピン

当て布に
ブローチピンを
縫い止める

ブローチ B の作り方

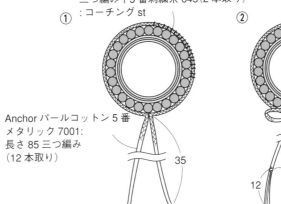

三つ編み＋5番刺繍糸645（2本取り）
：コーチング st

Anchor パールコットン 5 番
メタリック 7001：
長さ 85 三つ編み
（12 本取り）

① 35

②
リボン型にたたみ
中央を糸で
縫いつける

ひと結び

12　8

三つ編みをコーチングステッチで
本体の周囲に縫いつける

ブックバンドの作り方

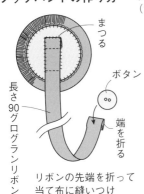

まつる
ボタン

長さ90グログランリボン

端を折る

リボンの先端を折って
当て布に縫いつけ
もう片方は折って
ボタンをつける

作り方 106 ページ ブローチ実物大図案

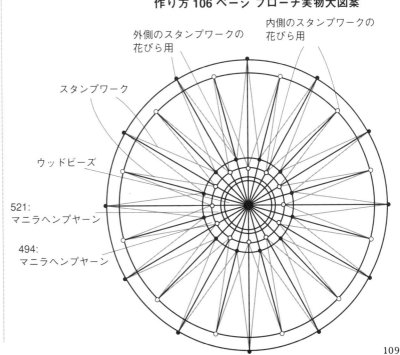

外側のスタンプワークの
花びら用

内側のスタンプワークの
花びら用

スタンプワーク

ウッドビーズ

521：
マニラヘンプヤーン

494：
マニラヘンプヤーン

反対側

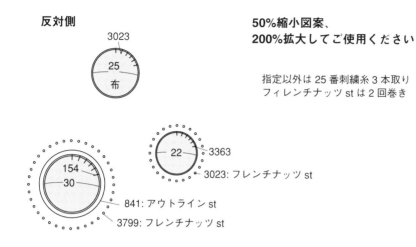

50%縮小図案、
200%拡大してご使用ください

指定以外は 25 番刺繍糸 3 本取り
フィレンチナッツ st は 2 回巻き

3023

25
布

154
30

22　3363
3023: フレンチナッツ st

841: アウトライン st
3799: フレンチナッツ st

左側

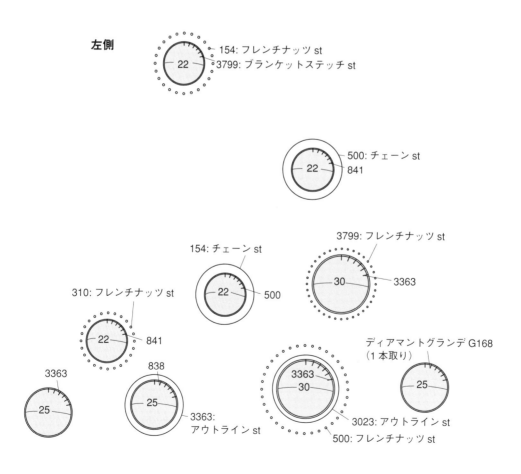

22　154: フレンチナッツ st
3799: ブランケットステッチ st

22　500: チェーン st
841

3799: フレンチナッツ st

154: チェーン st

30　3363

310: フレンチナッツ st

22　500

22　841

ディアマントグランデ G168
（1 本取り）

3363

838

3363
30

25

25
25

3363:
アウトライン st

3023: アウトライン st
500: フレンチナッツ st

50%縮小図案、
200%拡大してご使用ください

指定以外は 25 番刺繍糸 3 本取り

右側

22　500

154
30
　3799: フレンチナッツ st

841
　3363: フレンチナッツ st
25

838: アウトライン st
3816:
　フレンチナッツ st
22
3363

22　841
　154: フレンチナッツ st
3799: フレンチナッツ st

3023: チェーン st

838
25
　3023: アウトライン st

154
30

310: フレンチナッツ st

3363: チェーン st

22　500
　3861: チェーン st

22
　ディアマントグランデ G168
　　　　　　（1 本取り）
310: バック st

Profile

土橋のり子
Noriko Tsuchihashi

刺繍作家、Atelier hands&heart 主宰。大阪、名古屋、
アトリエ教室などで刺繍を教えている。和歌山県橋
本市にアトリエを構え洋服と雑貨のセレクトショップ
「MON Chou Chou」を経営。人気ショップを集めた
イベントを定期的に開催している。旅から物作りのヒ
ントを得て、素材を求めて旅に出るなど、唯一無二の
刺繍を求めて制作に励む日々を過ごしている。著書に
「大人のモダン刺繍」「大人の刺繍図案」（共にグラ
フィック社）がある。
Instagram：@norikotsuchihashi
土橋商會 HP
https://www.tsuchihashi-shoukai.com/

素材協力

株式会社亀島商店
〒 541-0056
大阪府大阪市中央区久太郎町 4 丁目 1-15 南御堂ビ
ルディング 4 階
tel.06-6245-2000
https://kameshima.co.jp

ディー・エム・シー株式会社
〒 101-0035
東京都千代田区神田紺屋町 13 番地 山東ビル 7 階
tel.03-5296-7831
http://www.dmc.com

製作協力
氏田惠子
大屋千佳子
竹中久美子
土橋久美子

撮影協力
リングピローの指輪
amiinah
https://www.amiinah.com
Instagram：@amiinah_jewelry

日傘製作
紋白　真嶋陽子
Instagram：@monshiro2018

Staff

撮影　衛藤キヨコ
デザイン　橘川幹子
図案トレース　共同工芸社
作図　大島幸
編集　恵中綾子（グラフィック社）

幾何学模様とモチーフ刺繍
美しい模様をいかす色とステッチの組み合わせ

2024 年 1 月 25 日　初版第 1 刷発行

著　者：土橋のり子
発行者：西川正伸
発行所：株式会社グラフィック社
　　　　〒 102-0073
　　　　東京都千代田区九段北 1-14-17
　　　　tel.03-3263-4318（代表）
　　　　　03-3263-4579（編集）
　　　　fax.03-3263-5297
　　　　https://www.graphicsha.co.jp

印刷・製本：図書印刷株式会社